토론 만렙 찍을 길드원 구함
MBTI부터 챗GPT까지 이슈로 만나는 세상 읽기

초판 1쇄 발행 2025년 10월 17일

글 태지원 | **그림** 요기보이
펴낸이 김태헌 | **총괄** 임규근 | **팀장** 정명순
책임편집 이인선 | **디자인** 호곰
영업 문윤식, 조유미 | **마케팅** 신우섭, 손희정, 박수미, 송수현 | **제작** 박성우, 김정우
펴낸곳 한빛에듀 | **주소** 서울특별시 서대문구 연희로2길 62 한빛미디어(주) 실용출판부
전화 02-336-7129 | **팩스** 02-325-6300 | **등록** 2015년 11월 24일 제2015-000351호
ISBN 979-11-6921-432-2 73300

이 책에 대한 의견이나 오탈자 및 잘못된 내용은 한빛에듀 홈페이지나 아래 이메일로 알려 주십시오.
파본은 구매처에서 교환하실 수 있습니다. 책값은 뒤표지에 표시되어 있습니다.

한빛에듀 홈페이지 hanbit.co.kr/edu | **이메일** edu@hanbit.co.kr

Published by HANBIT Media, Inc. Printed in Korea Copyright.
Copyright ⓒ 2025 태지원, 요기보이 & HANBIT Media, Inc.
이 책의 저작권은 저자와 한빛미디어(주)에 있습니다.
저작권법에 의하여 보호를 받는 저작물이므로 무단 복제 및 무단 전재를 금합니다.

지금 하지 않으면 할 수 없는 일이 있습니다.
책으로 펴내고 싶은 아이디어나 원고를 메일(writer@hanbit.co.kr)로 보내 주세요.
한빛미디어(주)는 여러분의 소중한 경험과 지식을 기다리고 있습니다.

제품명 토론 만렙 찍을 길드원 구함 | **제조사명** 한빛미디어(주) | **제조년월** 2025년 10월
대상연령 8세 이상 | **제조국** 대한민국 | **전화번호** 02-336-7129 | **주소** 서울시 서대문구 연희로2길 62
주의사항 책의 모서리에 다치지 않게 주의하세요. KC마크는 이 제품이 공통안전기준에 적합하였음을 의미합니다.

MBTI부터 챗GPT까지 이슈로 만나는 세상 읽기

토론 만렙 찍을 길드원 구함

글 태지원 ✦ 그림 요기보이

한빛에듀

토론 모험가 여러분께

혹시 이런 생각을 해 본 적 있나요?

"내 의견도 좋은데 왜 친구는 내 말을 안 들어 줄까?"
"어떻게 말해야 내 생각을 더 멋지게 전달할 수 있을까?"
"어른들의 말에 그냥 '네'라고만 대답하는 건 재미없는데……."

만약 고개를 끄덕였다면 제대로 찾아오신 거예요. 책장을 펼친 순간 여러분은 새로운 게임에 입장한 거니까요. 이 게임은 칼이나 방패, 초능력과 같은 무기를 사용하지 않아요. 주요한 무기는 여러분의 생각과 말이지요.

이 책은 토론을 게임처럼 즐길 수 있도록 구성했어요. 여러분은 플레이어로서 질문과 생각으로 겨루는 멋진 게임에 참여하게 돼요. '신조어, 그냥 써도 될까?', '모둠 활동, 나 혼자 하면 안 될까?'처럼 우리 주변에서 접할 수 있는 친근한 토론거리에서 시작해, '일회용 플라스틱 사용, 완전히 금지해야 할까?', '학교에서 스마트폰 사용을 제한해야 할까?'처럼 세상을 떠들썩하게 만드는 주제까지 만나게 될 거예요.

새로운 주제를 만나면 여러분은 토론 속 의견에 고개를 끄덕이기도 하고, 동의하지 않는 생각에는 반박할 논리도 찾게 될 거예요. 머릿속에 숨어 있던 멋진 생각들을 갈고닦은 다음, 논리라는 갑옷을 두르고 근거라는 아이템을 장착하는 거지요. 이어지는 퀘스트까지 마치면, 핵심 단어를 익히고 내 생각을 글로 정리하는 시간을 가지며 생각의 능력치도 높일 거예요.

'토론'이라는 것이 짐짓 어렵게 느껴질 수 있겠지만 걱정할 필요는 없어요. 토론은 누가 더 힘이 센지 겨루는 싸움이 아니라 생각을 키우는 연습이니까요. 서로의 의견을 주고받으며 더 넓은 생각의 바다로 나아가는 과정이에요. 또 토론을 하다 보면 어떤 문제든 그냥 지나치지 않고, '왜 그럴까?' 하고 깊이 사고하는 힘이 생겨요. 많은 사람 앞에서 떨지 않고 내 생각을 조리 있게 말하는 용기도 얻게 되지요. 가끔은 친구의 의견이 내 의견보다 멋지게 느껴질 수도 있겠지만, 그걸 배우는 것도 이 게임의 일부랍니다. 이기고 지는 배틀이 아니라 승패를 뛰어넘는 생각의 뜀틀이 여러분 앞에 펼쳐질 거예요.

자, 마음의 준비가 되었다면 책장을 넘겨 볼까요? 여러분의 세계를 넓힐 토론 게임에 입장할 시간이에요.

2025년 10월
태 지 원

✦ 차례

토론 모험가 여러분께 • 6

1단계 개인 던전

1 '노잼' '에바' '킹받다' 등의 신조어, 그냥 써도 될까? • 14
2 MBTI로 친구를 가려서 사귀어도 될까? • 24
3 꿈이 꼭 있어야 할까? • 34

2단계 학교 던전

1 모둠 활동, 나 혼자 하면 안 될까? • 46
2 초등학교 시험, 다시 생겨야 할까? • 56
3 다수결이 가장 좋은 방법일까? • 68
4 친구의 잘못을 선생님께 말씀드려도 될까? • 78

3단계 사회 던전

1 동물원, 지켜야 할까? 없애야 할까? • 90
2 일회용 플라스틱 사용, 완전히 금지해야 할까? • 100
3 장애인 이동권에 대한 관심을 높이려면 어떻게 해야 할까? • 110

4단계 디지털 던전

1 학교에서 스마트폰 사용을 제한해야 할까? • 122
2 챗GPT에게 숙제를 맡겨도 될까? • 132
3 딥페이크 영상, 규제하는 법이 필요할까? • 142

토론 게임을 나가며 • 155

참고 자료 • 156

토론 게임을 소개합니다

안녕하세요?
토론 게임에 입장하신 여러분, 환영합니다.
저는 토론 게임을 안내할 엔피시(NPC)예요.
토론하는 동안 사회자 역할을 맡아
여러분의 게임 진행을 도울게요.
저만 따라오세요!

토론 게임은 다음과 같은 순서로 진행됩니다.

첫 번째, 던전별 주제 를 살펴보아요.

두 번째, 찬성 캐릭터 와 반대 캐릭터 중 원하는 캐릭터를 골라요.

세 번째, 각 캐릭터의 이야기를 귀담아듣고 친구들과 함께 생각해 보아요.

네 번째, 퀘스트를 완료해 보상을 얻어요.

다섯 번째, 캐릭터를 성장시켜요.

자, 이제 토론 만렙을 찍을 준비가 되셨나요?

그럼, 시작하겠습니다!

1단계
개인 던전

1

'노잼' '에바' '킹받다' 등의 신조어, 그냥 써도 될까?

✦ [퀴즈] 다음 말의 의미는 무엇일까요?

1. 노잼   2. 에바   3. 킹받다

끊임없이 신조어가 유행하는 세상

❖ ❖ ❖

여러분은 퀴즈의 정답을 모두 알고 있나요? '노잼'은 재미가 없다(no)는 뜻이고, '에바'는 에러와 오버(error+over)의 합성어로 정도를 넘어 지나치게 행동하는 것을 일컬어요. '킹받다'는 최고를 의미하는 왕(king)을 붙여 매우 열받는다는 뜻으로 사용해요. 이것은 모두 원래 존재하던 말이 아니라 온라인에서 널리 쓰이며 생겨난 말입니다. 이처럼 새로 생겨나 유행하는 말을 신조어라고 해요.

우리는 신조어를 얼마나 자주 쓸까요? 2021년 한 교복 회사가 10대 학생을 대상으로 신조어를 평소에 얼마나 쓰는지 조사한 결과, 응답자의 70% 이상이 신조어를 쓰고 있다고 답했어요.* 짧게 말하고 쓸 수 있는 게 편해서, 친구들 대부분이 사용해서, 재미있어서 신조어를 쓴다고 답했지요.

한편 우리말을 파괴하는 신조어를 지나치게 사용하면 안 된다는 의견도 있어요. 새롭게 생기고 유행하는 말들, 그냥 써도 될까요?

플레이어를 선택하겠습니다.
이번 토론의 결과는 어떻게 될까요?

찬성 캐릭터
나몰라

반대 캐릭터
최고민

게임 시작!

 안녕하세요. 앞으로 여러분의 토론 게임 진행을 도울 사회자, 엔피시입니다. 이번 시간에는 '신조어, 그냥 써도 될까?'를 주제로 이야기를 나눠 볼 텐데요. 찬성 측의 나몰라 님과 반대 측의 최고민 님이 무대에 입장합니다. 찬성 측의 나몰라 님부터 발언해 볼까요?

 저는 신조어를 마음대로 쓸 수 있어야 한다고 생각해요. 복잡한 상황이나 감정도 신조어를 사용하면 짧고 재미있게 표현할 수 있어요. 예를 들어 '핵인싸'는 인기가 많은 사람을 나타내는 말이에요. 이런 새로운 말로 간단하고 편리하게, 더 재미있게 이야기할 수 있어요. 신조어는 대화의 양념과 같은 존재라 할 수 있지요.

 짧고 재미있는 말이면 무조건 좋은 걸까요? 신조어가 너무 많이 쓰이면 표준어가 혼란스러워지고 아름다운 우리말이 파괴될 수 있어요.

  사람들 사이의 소통도 어려워질 수 있어요. '노잼'이나 '에바'와 같은 신조어는 젊은이이거나, 인터넷 또는 게임을 자주 접하는 사람들만 아는 말이에요. '킹받다'도 마찬가지로

10대는 알지만 어른들은 잘 몰라요. 이런 말이 유행하다 보면 세대 사이의 의사소통이 어려워질 거예요.

글쎄요, 모든 사람이 같은 종류의 말만 쓸 수 있을까요? 말이라는 건 새로 생겨났다 사라질 수 있어요. 우리가 살고 있는 세상을 표현하는 다양한 말이 있으면 좋잖아요. 어린이나 청소년 사이에서 유행하는 일종의 놀이라고 생각하면 크게 문제 될 것이 없다고 생각해요. 놀이처럼 널리 퍼졌다가 사라지는 것이라, 우리 사회에 큰 문제를 일으키지 않을 거예요.

큰 문제를 일으키지 않는다고요? 모든 말을 짧고 간단하게 쓰다 보면 깊이 있게 생각하는 힘, 다양한 상황을 설명할 수 있는 능력이 떨어져요. 예를 들어 '대박', '헐'이라는 말로 내 기분을 정확하게 표현하기는 어려워요.

    아주 많이 혐오한다는 뜻의 '극혐'도 마찬가지예요. 이 말이 널리 쓰이면서, 어떤 대상을 두고 불편한 마음이 생기면 '극혐'이라는 두 글자로 쉽게 표현하게 되었어요. 사실 불편한 마음속에는 화나다, 당황스럽다, 두렵다, 싫증 나다, 유치하다와 같은 다양한 감정이 숨어 있잖아요. '극혐'이라는 짧은 말로 모든 상황을 설명하면, 생각이 얕아지고 진짜 자기 마음을 알아차리기 어려워져요.

최고민 님은 좋지 않은 예시만 가져왔네요. 신조어에도 긍정적인 의미를 지닌 단어가 많아요. 예를 들어 작지만 확실한 행복을 뜻하는 '소확행'은 평소에 행복을 느끼는 게 중요하다는 사실을 깨닫게 해요. 중요한 건 꺾이지 않는 마음이라는 뜻의 '중꺾마'도 그래요. 어려운 상황에서도 쉽게 포기하지 말자는 분위기를 만들었잖아요.

　이런 신조어는 그동안 설명하기 어려웠던 긍정적인 생각이나 의지를 나타낼 수 있어요. 그리고 새로운 말을 만들어 내는 과정에서 창의성을 발휘할 수 있고, 사고력도 높일 수 있다고 생각해요. 신조어 사용을 무조건 막으면 좋은 의미를 담은 말도 유행하지 못할 거예요.

나몰라 님은 긍정적인 신조어가 더 많다고 생각하시나요? 저는 그 반대라고 봐요. 요즘 널리 쓰이는 '잼민이'라는 단어만 봐도 그래요. 원래 이 말은 온라인상에서 무례한 행동을 하는 초등학생이란 뜻으로 시작된 말이잖아요. 이 말이 유행하면서 어린이들은 예의 없고 무례하다, 개념이 없다는 생각이 퍼졌어요. 신조어로 인해 어린이에 대한 편견이 심해졌어요.

좋지 않은 일부 단어 때문에 신조어 사용을 막아야 한다고 생각하시나요? 흠흠, 세상에는 표현의 자유라는 게 있어요. 표현의 자유란 자신의 생각, 의견, 주장을 아무런 억압 없이 바깥에 나타낼 수 있는 권리를 뜻해요. 민주주의 국가에서 그런 자유를 막는 것이 과연 옳은 일일까요?

다른 사람을 비하하고 불쾌하게 만들어도 표현의 자유가 있다는 이유로 허용해 줘야 하는 걸까요? 예를 들어 '급식충', '맘충'은 학교에 다니는 학생, 아이를 키우는 주부에게 벌레 충(蟲) 자를 붙여 조롱하는 말이에요. 이렇게 새롭게 생긴 혐오 표현은 입 밖으로 내뱉는 데서 끝나지 않아요. 멀리 퍼질수록 사람들은 점점 그 말을 아무렇지 않게 쓸 거고, 그러면 누군가를 조롱하거나 놀리는 게 당연해질 수 있어요. 내가 쓰는 말이 나도 모르는 사이에 다른 사람을 혐오하게 만들기도 하고요.

네, 무대가 굉장히 뜨거워졌는데요! 최고민 님은 신조어나 줄임말을 사용할수록 생각이 얕아지고 우리말이 파괴되며, 세대 간 의사소통이 어려워질 거라고 생각하는군요. 혐오와 차별의 말도 늘어날 거라 하셨고요.

반대로 나몰라 님은 신조어를 통해 비슷한 나이대의 사람들이 재미있게 소통하며 서로 공감할 수 있다고 발언했어요. 다양한 상황을 표현할 수 있는 신조어의 사용까지 막는 건 옳지 않다고 보는군요.

신조어를 마음껏 사용할 수 있는 자유가 더 중요할지, 부작용이 커지지 않도록 과도한 사용을 막아야 할지 고민해 볼 필요가 있겠습니다.

한 걸음 더

알림 두 가지 퀘스트를 완료하면 플레이어에게 추가 보상이 주어집니다.

퀘스트 1 핵심 단어를 완성하세요.

① _____ 예전에는 없었지만 새롭게 생겨나 사람들 사이에서 널리 쓰이는 말.

② _____ 한 나라의 국민들이 함께 사용하는 기준이 되는 말을 정해 놓은 것.

③ _____ 미워하고 꺼리는 마음.

④ _____ 자신의 생각, 의견, 주장을 원하는 대로 표현할 수 있는 자유.

⑤ _____ 모든 국민이 국가의 주인으로서 권리를 갖고, 그 권리를 자유롭고 평등하게 행사할 수 있는 정치의 모습. 중요한 일을 결정할 때 한 사람의 의견만 듣는 것이 아니라 모두의 의견을 모아 함께 결정한다.

정답 1. 신조어 2. 표준어 3. 혐오 4. 표현의 자유 5. 민주주의

 **다음 채팅창에 들어갈 답글을 써 보세요.**

 친구
인터넷에서 신조어나 줄임말을 쓰지 못하게 막아야 하는 거 아닐까?

왜?

 친구
'잼민이'나 '○○충'처럼 다른 사람을 무시하고 차별하는 말이 많잖아. 그런 말이 생기지 않도록 처음부터 막아야 한다고 생각해.

나는 그렇게 생각하지 않아.

왜냐하면

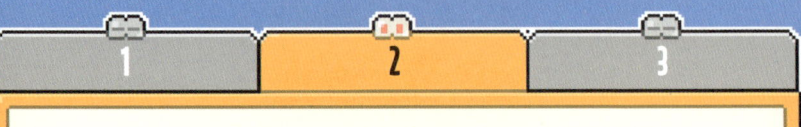

MBTI로 친구를 가려서 사귀어도 될까?

◆ 플레이어의 MBTI를 선택하세요.

E　I　　S　N
T　F　　J　P

"너 T야?"라는 질문에 숨은 비밀

❖ ❖ ❖

"너 T야?"라는 질문을 들어 본 적 있나요? 친구가 고민을 털어놓을 때 공감에 앞서 해결 방법부터 말하면 MBTI 유형 중 사고형, 즉 T에 속한다고 생각해 이 질문이 유행했어요. MBTI는 1940년대에 미국에서 개발된 성격 유형 검사로, 사람의 성격을 네 가지 기준에 따라 총 열여섯 가지 유형으로 나누어요.

E 외향	힘을 얻는 방법에 대한 태도	I 내향
S 감각	인식 방법	N 직관
T 사고	판단 방법	F 감정
J 판단	바깥 세계에 대한 경향성	P 인식

MBTI를 통해 자신이 어떤 사람인지 파악하고 다른 사람과 어떻게 소통해야 하는지 알아 가는 사람이 늘면서, 요즘에는 친구를 사귈 때 MBTI로 판단하는 경우가 많아졌어요. MBTI는 과연 나와 다른 사람을 이해하고 판단하는 데 도움이 되는 도구일까요?

플레이어를 선택하겠습니다.
이번 토론의 결과는 어떻게 될까요?

찬성 캐릭터
손편리

반대 캐릭터
김복잡

게임 시작!

이번에는 'MBTI로 친구를 가려서 사귀어도 될까?'라는 주제로 토론해 볼 건데요. 찬성하는 손편리 님, 반대하는 김복잡 님이 무대에 입장했습니다. 손편리 님 먼저 이야기해 주시겠어요?

저는 MBTI를 보고 친구를 사귀어도 된다고 생각해요. MBTI를 알면 사람들의 성격을 쉽게 구분할 수 있어요. 새로운 친구를 사귈 때 나와 잘 맞는지 보는 게 중요하잖아요. MBTI를 알면 내가 어떤 성격인지도 알기 쉽고, 나와 잘 맞는 친구가 누구인지도 파악할 수 있어요.

손편리 님의 이야기는 단순히 편리함만 생각한 주장이에요. MBTI가 과학적으로 정확하게 증명되거나 믿을 만한 검사가 아니라는 이야기도 많아요.

  복잡한 사람의 성격을 고작 열여섯 가지 유형으로 나누는 것도 문제예요. 외향형과 내향형이란 기준만 봐도 그래요. 바깥에서 다른 사람을 만나 에너지를 많이 얻는 사람을 외향형(E)이라고 하고, 혼자만의 시간을 가지면서 에너지를 얻는 사람을 내향형(I)으로 분류해요. 그렇지만 같은 사람이라 해도 친구들 사이에서는 활기차고 외향적일 수 있고, 교실에서는 조용하고 내성적인 모습을 보일 수 있어요. 환경이나 상황에 따라 바뀌는 사람의 특성을 생각하지 않고 MBTI로 단순히 사람을 나누는 건 좋지 않다고 생각해요.

김복잡 님의 말대로 MBTI만으로 모든 것을 판단할 수는 없어요. 하지만 MBTI는 친구를 선택하는 데 도움을 주는 하나의 도구가 될 수 있어요. 누구든 나와 비슷한 사람은 있으니까요.

생각하는 방법이나 행동 방식이 다르면 서로 오해를 하거나 갈등을 겪을 수 있잖아요. MBTI를 통해 성격 차이를 이해하면, 갈등을 줄이고 더 원만한 관계를 만들 수 있을 거예요. 상대를 존중하고 배려할 수 있는 지름길을 만들어 줘요.

정말 MBTI로 우리가 다른 사람을 더 잘 이해하게 되었을까요? 저는 그 반대라고 생각해요. 요즘에는 MBTI가 우열을 가리는 수단이 되기도 해요. MBTI 관련 게시물을 한번 찾아보세요. 친구가 많은 MBTI 순위, 공부 잘하는 MBTI 순위를 매기기도 하잖아요. 오히려 MBTI를 통해 사람을 함부로 판단하고, 가까이 지낼 친구와 그렇지 않은 친구를 나눠 버리는 경우가 많아요.

  이렇듯 MBTI로 다른 사람을 판단하면 친해질 기회조차 가질 수 없어요. 고정 관념이나 편견도 생기기 쉽고요. 다양한 친구와 사귈 기회도 잃게 될 거예요.

하지만 성격이나 생각하는 방식이 비슷하면 그만큼 공감하기 쉽고 대화 도중에 부딪칠 일도 적어요. 친구를 만나면서 생기는 갈등이나 스트레스도 줄지 않을까요?

나와 비슷한 사람만 골라 만나는 게 건강한 관계일까요? 우리는 모두 다른 생각을 가진 사람이고, 그 점을 인정하고 존중해야 진정한 친구가 될 수 있어요. 다른 사람의 생각도 들어 보고, 갈등이 생기면 차근차근 해결하는 경험도 쌓아야 해요. 나와 비슷한 사람만 골라 사귀다 보면 나와는 다른 사람을 멀리하고 배척할 가능성이 높아져요.

김복잡 님은 MBTI 때문에 편견이 강해진다고 말하지만 저는 오히려 서로를 이해하기 쉬워진다고 봐요. 예전에는 고

민을 털어놓을 때 친구가 공감해 주지 않고 해결 방법만 이야기하면 '쟤는 왜 저렇게 행동하지?'라고 생각했어요. 감정을 중요하게 생각하는 나와 다르다는 걸 인정하기가 어려웠어요. 그런데 지금은 '아, 쟤는 T형이니까 그럴 수 있겠다.' 하고 이해하게 되었어요.

두 토론자의 이야기 잘 들었습니다. 손편리 님은 MBTI를 통해 자신을 더 잘 이해하고, 다른 사람과의 공통점과 차이점을 알게 되어 관계를 맺는 데 도움이 된다고 이야기했어요.

반대로 김복잡 님은 서로의 다름을 인정하지 못하고 첫인상으로 친구를 판단하거나 우열을 가리게 되면서 문제가 생긴다고 보았네요.

MBTI가 다른 사람을 이해하는 데 도움이 되는지, 혹은 오해와 편견을 불러일으키는지 생각해 보면 좋겠습니다.

한 걸음 더

알림 두 가지 퀘스트를 완료하면 플레이어에게 추가 보상이 주어집니다.

퀘스트 1 핵심 단어를 완성하세요.

① ( ) 나음과 못함. 주로 실력을 말한다.

② ( ) '남자는 씩씩해야 한다.', '안경을 쓰면 똑똑하다.' 처럼 사람들이 어떤 사람이나 사물을 대상으로 미리 정해 놓은 생각.

③ ( ) 공정하지 못하고 한쪽으로 치우친 생각.

④ ( ) 다른 사람의 의견이나 주장 따위에 대하여 자기도 그렇게 느끼는 것. 다른 사람의 입장에서 생각해 보는 행위.

정답: 1. 우열 2. 고정 관념 3. 편견 4. 공감

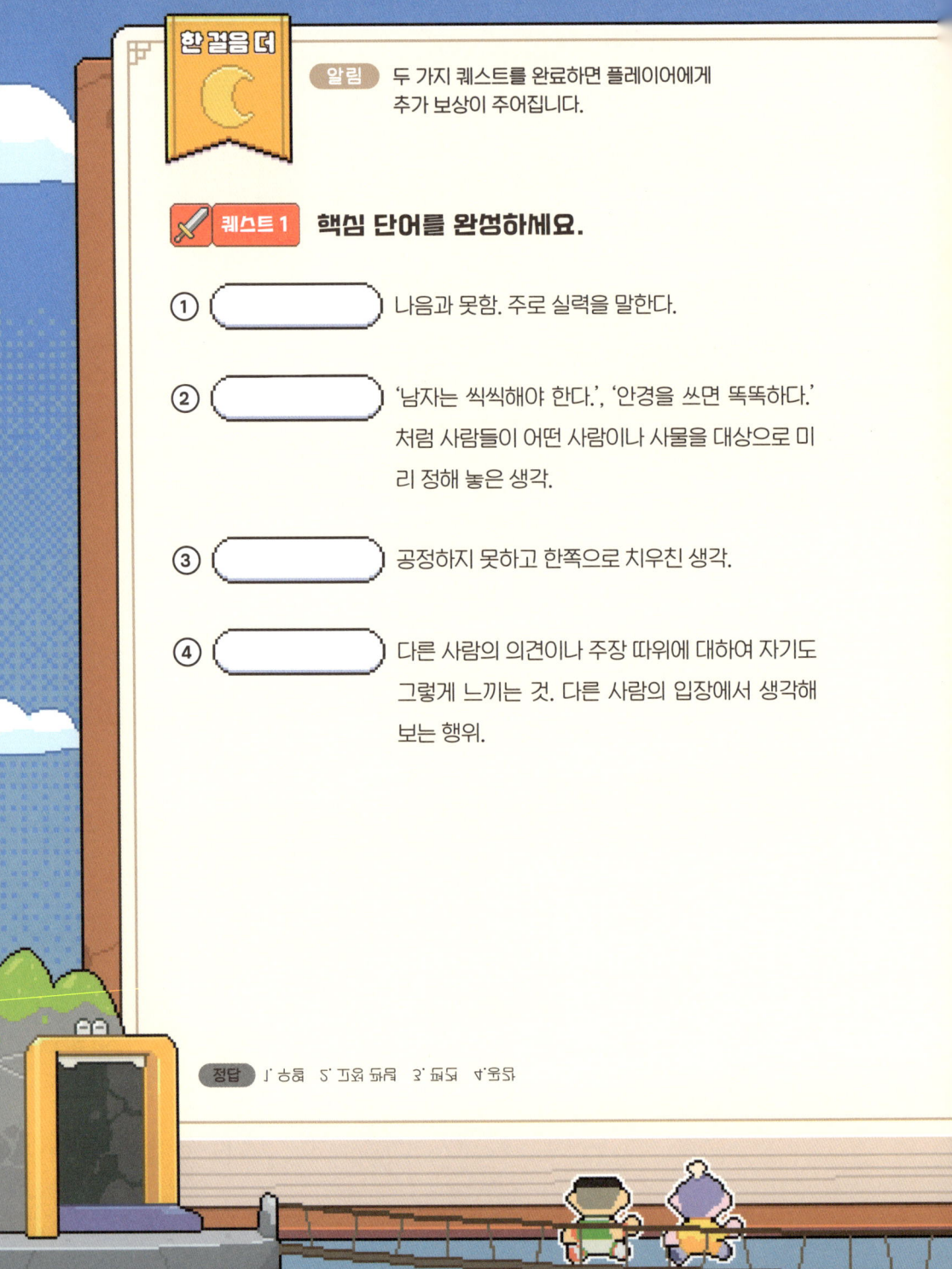

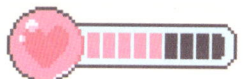 

 **다음 게시물에 답글을 달아 보세요.**

MBTI 검사를 하면 나뿐만 아니라 다른 사람의 성격이 어떤지 잘 알 수 있어요. 이 검사를 통해 오랫동안 우정을 나눌 친구를 찾는 게 좋다고 생각해요.

> 전 그렇게 생각하지 않아요. 왜냐하면

등록

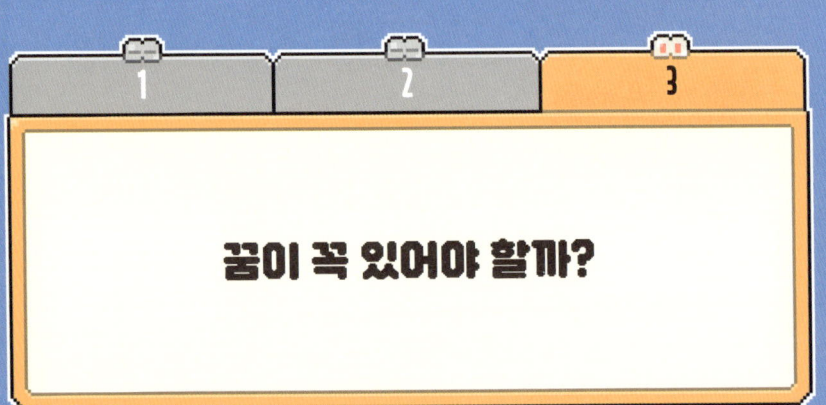

꿈이 꼭 있어야 할까?

캐릭터의 직업을 선택하세요.
어떤 직업으로 전직하시겠습니까?

전사   도적   마법사   힐러

"넌 꿈이 뭐야?"라는 질문에 답하기 어려운 이유

◆ ◆ ◆

어른들은 "넌 커서 뭐가 되고 싶어?"라는 질문을 자주 해요. 대답할 말이 생각나지 않아 우물쭈물하면 "그래도 사람은 꿈을 가져야지." 하고 잔소리를 늘어놓곤 하지요. 그렇다면 모두가 꿈이 있는 걸까요? 2020년 교육부와 한국직업능력개발원이 서울 초등학생을 대상으로 조사한 결과, 전체 어린이 중 무려 20%가 희망하는 직업이 없다고 답했어요.*

꿈이 없다는 대답은 어쩐지 숙제를 미루거나 시험공부를 하지 못한 것처럼 게으르고 의욕 없는 듯이 느껴지기도 해요. 때로는 어른들이 걱정할까 봐 교사나 과학자가 되겠다는 식으로 꿈을 억지로 지어내서 말한 적도 있을 거예요.

우리는 꿈을 꼭 가져야 하는 걸까요? 꿈이 없는 사람, 꿈이 뭔지 모르는 사람은 잘못된 걸까요? 이번에는 쉽게 답을 내리기 어려운 이 주제로 토론해 보겠습니다.

플레이어를 선택하겠습니다.
이번 토론의 결과는 어떻게 될까요?

찬성 캐릭터
김진로

반대 캐릭터
이다른

게임 시작!

　듣기만 해도 설레는 단어, 바로 '꿈'입니다. 꿈은 꼭 이루고자 하는 희망이나 이상을 뜻해요. 운동선수나 유튜버, 교사 같은 장래 희망을 의미하기도 하지요. 그런데 장래 희망을 정할 때 원하는 직업이 없어 망설이는 경우가 있어요. 이번에는 '꿈이 꼭 있어야 할까?'라는 주제로 토론을 진행해 볼게요.

　꿈이 있어야 한다고 주장하는 김진로 님, 꿈이 없어도 된다고 이야기하는 이다른 님이 무대에 입장합니다!

　안녕하세요, 저는 꿈을 꼭 가져야 한다고 생각해요. 우리는 달리기를 할 때 결승점이 있어야 더 열심히 달릴 수 있잖아요? 꿈을 가지는 것도 비슷해요. 목표가 되는 꿈, 희망하는 진로가 있어야 앞으로 나아갈 동기를 얻을 수 있어요.

　유명한 운동선수나 역사 속 위인을 생각해 보세요. 우리나라의 김연아 선수는 어릴 때부터 훌륭한 피겨 스케이팅 선수가 되겠다는 꿈을 가졌다고 해요. 꿈이 있었기 때문에 꾸준히 노력해 세계적인 피겨 스케이팅 선수가 될 수 있었던 거예요.

글쎄요, 꼭 꿈이 있어야 앞으로 나아갈 수 있는 걸까요? 달리기야 결승 지점을 향해 한눈팔지 않고 달려갈 수 있다지만, 현실에 직접적으로 와닿는 꿈은 그것과는 다른 문제라고 생각해요.

 인기 장래 희망 중 하나인 유튜버가 되고 싶어 하는 어린이가 있다고 상상해 볼게요. 이 아이는 장차 유튜버가 되기 위해 동영상 편집 기술을 공부하고, 채널을 만들고, 구독자를 늘리려고 노력할 거예요. 그런데 나의 성격이나 타고난 재능이 실은 다른 직업에 더 잘 맞을 수도 있어요. 유튜버라는 꿈에 너무 집중한 나머지, 다른 곳을 바라보지 못하게 된 거예요. 꿈을 가지는 만큼 다른 길에 관심을 두기 어려우니까요.

그래도 내 꿈이 있어야 이 직업이 나에게 맞는지 알 수 있지 않을까요? 이루고 싶은 꿈이 없으면, 노력해서 얻는 뿌듯함이나 목표를 이루어 가는 설렘을 느끼기 어려워요. 따분하고 의욕 없는 생활만 하게 될 수도 있고요. 꿈을 향해 나아가면서 얻게 되는 자신감이나 행복도 놓치게 될 거예요.

 꿈을 향한 과정에 있어야만 행복을 얻을 수 있는 걸까요? 가족과 즐거운 시간을 보내거나 친구와 맛있는 것을 먹으며 즐겁게 노는 것도 행복이에요.

공부해서 좋은 학교에 가는 것만이 행복이자 꿈이라고 말하는 어른이 참 많아요. 높은 성적을 내고 꿈을 이루는 과정에서 뿌듯함을 느끼는 사람도 있지만, 꿈을 이루는 데만 집중하다가 오히려 소중한 걸 놓치게 될 수도 있어요. 지금 이 순간 좋아하는 사람과 함께하는 것도 행복이에요. 하루하루를 뜻깊게 보내는 것도 중요해요.

 오히려 꿈을 향해 나아가는 과정에서 나와 비슷한 꿈, 취미, 가치관을 가진 사람들을 만날 수 있어요. 게임 개발자가 되고 싶으면 게임이나 프로그래밍에 관심을 가진 사람을 만날 거고, 화가를 꿈꾼다면 그림 그리는 걸 좋아하는 사람을 만나며 행복을 찾을 수 있어요.

 김진로 님의 의견에 완전히 반대하는 건 아니에요. 그런데 꿈은 꼭 하나여야 된다고 정해져 있는 게 아니잖아요. 보통 사람들은 유튜버나 교사, 군인, 운동선수처럼 미래의 꿈을

직업으로 정해야 한다고 말해요. 저는 이런 생각에도 반대해요. 앞으로는 기술이 발달해서 인공 지능이나 로봇이 일자리를 대신할 거라고 하잖아요.

세계 경제를 연구하는 세계경제포럼에서 발표한 내용에 따르면, 앞으로 기술 발달로 사라질 직업이 무려 8,300만 개, 새로 생겨날 직업이 6,900만 개가 된다고 해요.* 미래에는 많은 직업이 사라지고 또 생겨날 텐데 '뭐가 되고 싶니?'라는 질문으로 바라는 직업을 하나로 정하라는 건 말이 안 된다고 생각해요.

맞아요, 직업은 새롭게 생기고 없어질 수 있어요. 그렇지만 꿈을 정하고 관련 분야를 꼼꼼히 알아 둬야 앞으로 생겨날 직업 중 자기에게 맞는 분야를 찾을 수 있을 거예요.

선생님이 되고 싶은 사람이라면, 다른 사람을 교육하고 학습시키는 방법을 공부하면서 인공 지능 시스템과 관련된 기술을 배울 수 있겠지요. 그러면 인공 지능 엔지니어가 될 수도 있어요. 이처럼 꿈을 찾는 과정에 있어야 새로운 직업도 찾기 쉬워요.

두 분의 말씀 흥미롭게 들었습니다! 김진로 님은 꿈이 있어야 즐겁고 활기찬 생활을 할 수 있다고 생각하는군요. 반면 이다른 님은 꿈이 있으면 오히려 목표에 얽매이게 되어 다른 행복을 찾기 어렵다고 이야기했어요.

꿈에 대한 두 분의 의견이 다른 점이 흥미롭네요. 나아가 진정한 행복이란 무엇인지 여러 사람의 의견을 듣고 함께 생각해 볼 자리가 있으면 좋겠어요.

한 걸음 더

알림 두 가지 퀘스트를 완료하면 플레이어에게 추가 보상이 주어집니다.

퀘스트 1 핵심 단어를 완성하세요.

① (   ) 앞으로 살아갈 길. 나의 성격, 특기, 흥미 등을 생각해 결정한다.

② (   ) 사람처럼 학습하고 판단하고 새로운 것을 생각해 내는 컴퓨터 시스템.

③ (   ) 인공 지능이 학습하고 성장할 수 있도록 돕는 역할을 수행하는 전문가. 사람이 학습자를 통해 배우고 성장하듯, 인공 지능에게 방대한 데이터를 주고 문제를 해결하고 적용하는 방법을 가르쳐 준다.

정답) 1. 진로 2. 인공 지능 3. 인공 지능 트레이너

 **다음 게시물에 답글을 달아 보세요.**

사람은 모름지기 꿈이 있어야 해요. 나중에 하고 싶은 일, 즉 목표가 있어야 행복하고 즐겁게 살아갈 수 있지 않을까요?

전 그렇게 생각하지 않아요. 왜냐하면

등록

스테이지 클리어

최고민

직업	학급의 수호자

- ♥ 레벨 11
- ★ 논리력 7▲
- ? 상상력 4-
- ☺ 유머 감각 5-

어째서인지 늘 회장을 맡게 된다. 모든 일에 진지하다. 다른 친구들을 뒤에서 세심하게 잘 도와준다. 친구들을 웃길 때 가장 보람을 느끼는데 유머 감각이 떨어지는 편이라 조금 속상하다.

이다른

직업	무한의 공상가

- ♥ 레벨 10
- ★ 논리력 5▲
- ? 상상력 7▲
- ☺ 친화력 1-

무언가에 얽매이는 걸 싫어한다. 자유로운 학급 활동을 즐기며 뒷자리에서 조용히 친구들을 관찰하는 것이 취미이다. "어떻게든 되겠지."를 입버릇처럼 말하는 편.

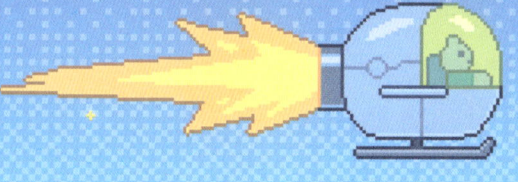

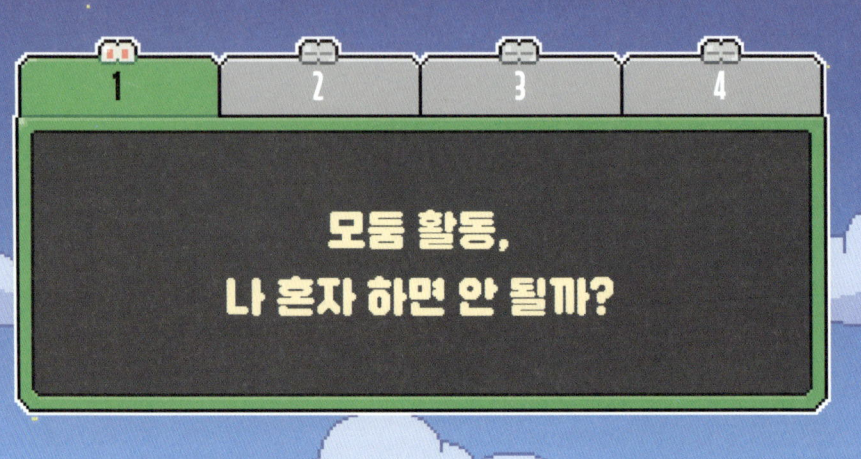

모둠 활동, 나 혼자 하면 안 될까?

✦ 난이도 S급의 던전

'학교 던전'에 입장했습니다.
던전을 어떻게 돌지 선택해 주세요.

1. 파티원 구하기(2/4명)
2. 나 혼자 게임하기

반장

NPC

선택이 아닌 필수가 된 모둠 활동

　모둠 활동, 모둠별 발표하기. 교실에서 모둠 활동은 피할 수 없는 필수 과제예요. 모둠이란 말은 '모이다, 모으다'라는 뜻을 지닌 옛말 '몯다'에서 비롯되었어요. 생각과 마음을 모아 여럿이서 함께 토론을 하거나 과제, 수행 평가 등을 같이 하는 것이 모둠 활동이지요.

　여러 사람의 의견을 모으는 과정이 어렵고 복잡하게 느껴질 수도 있어요. 때론 마음이 상하는 일도 생기곤 하지요. 모둠 활동을 할 때마다 딴짓하며 제대로 참여하지 않는 친구가 있거나, 자신과 다른 생각을 가진 사람을 탓하는 경우가 생기기도 해요. 원하는 사람과 같은 모둠이 된다는 보장도 없고요. 이럴 때면 '모둠 활동이 꼭 필요한 걸까?' 하는 의문이 솟아날 수 있어요.

　그렇다면 모둠 활동 없이 혼자 모든 것을 해도 괜찮은 걸까요? 아니면 모둠 활동은 꼭 필요한 걸까요?

플레이어를 선택하겠습니다.
이번 토론의 결과는 어떻게 될까요?

찬성 캐릭터
김독립

반대 캐릭터
이모두

게임 시작!

수업 시간에 가끔 모둠 활동을 할 때가 있어요. 함께 모여 토론하거나 과제를 해결하는 식으로 활동하지요. 그런데 여러 명의 의견을 모으는 과정에서 불편함을 느껴 '모둠 활동, 꼭 해야 하나요?'라고 질문하는 학생들이 있어요. 이 시간에는 모둠 활동이 꼭 필요한지 의논해 보려고 해요. 모둠 활동을 찬성하는 학생과 반대하는 학생, 모두 함께 이야기해 보겠습니다.

저는 모둠 활동을 혼자 해도 된다고 생각해요. 모둠 활동으로 탐구 문제를 풀거나 발표 준비를 하면, 다른 사람이 다 해 줄 거라고 믿고 딴청을 피우는 친구들이 있어요. 이런 친구들을 버스에 공짜로 타는 것처럼, 정당한 대가 없이 이득을 얻어 간다는 뜻으로 '무임승차한다'고 표현하기도 해요.

　그러면 다른 모둠원들이 게으른 친구의 몫까지 해야 하는 거예요. 이건 불공평한 일 아닌가요? 이런 답답함을 참느니 차라리 혼자인 게 나아요.

으음, 세상에는 다양한 사람이 있어요. 물론 김독립 님이 말한 것처럼 제때 맡은 일을 하지 않는 사람도 있지요. 그렇지만 이런 친구가 있을 거라 미리 단정 짓고, 같이 무언가를 해 볼 기회조차 갖지 않는 게 과연 좋은 걸까요?

안 그래도 코로나19 시기에 학교에 가지 못하고 집에만 머무르는 바람에 의사소통에 어려움을 겪는 친구가 많아요. 모둠원이 함께 의논해서 협동하면, 자연스럽게 다른 사람과 더불어 지내는 방법을 배울 수 있을 거예요.

여러 명이 하는 것보다 혼자 하는 게 더 성격에 맞는 사람도 있잖아요. 그리고 같은 모둠에 속한 구성원이라고 해도 과제를 잘 해낼 수 있는 사람이 있는 반면, 그렇지 못한 사람도 있어요. 아는 게 많은 사람도 있지만 그렇지 않은 사람도 있고요. 내가 과제를 하는 데 자신이 없으면 나서지 못하고 다른 사람에게 의존만 하게 될 거예요. 오히려 학습 능력을 기르는 데에는 도움이 안 되는 거 아닐까?

전 그 반대라고 생각해요. 사람마다 잘하는 것은 모두 달라요. 어떤 사람은 글을 잘 짓고, 누구는 그림을 잘 그려요. 글씨를 단정하게 잘 쓰는 사람도 있고요. 이렇게 잘하는 게 각자 다른 여럿이 힘을 합쳐 과제를 하면 훨씬 더 좋은 결과를 만들 수 있어요. '백지장도 맞들면 낫다'라는 속담처럼요.

그리고 모둠 활동을 하면 수업 시간을 더 알차게 쓸 수 있어요. 국어 시간에 반 전체가 글쓰기 과제를 읽고 발표한다 생각해 보세요. 시간이 부족하잖아요? 그런데 모둠을 짜서 발표하거나 서로의 글을 돌려 읽으면, 짧은 시간 내에 더 의미 있게 활동할 수 있어요.

시간을 알차게 쓸 수도 있지만 그 반대가 될 수도 있어요. 토론을 해야 하는데 친구들끼리 다른 이야기를 하면서 떠들거나 낙서를 하는 등 엉뚱한 행동을 하는 사람이 있잖아요. 그러면 오히려 수업에 방해가 되고, 시간을 헛되이 쓰는 결과를 낳을 수 있어요.

이렇게 생각해 보면 어때요? 다 함께 수업을 듣는다 해도 초등학생은 저학년 기준으로 최대 집중 시간이 20분을 넘지 않는다는 연구 결과가 있어요.* 그러니 가만히 앉아서 수업을 듣는 것보다 책상을 돌려 모둠을 만들면, 오히려 서로 자유롭게 대화도 나눌 수 있고, 지치지 않으면서 수업을 들을 수 있을 거예요.

혼자 과제를 해야 덜 지치는 사람도 있잖아요. 모둠 활동은 억지로 같이 해야 하니 힘들어요. 떠드는 친구들 사이에서 공부하는 게 더 힘들고 집중이 잘되지 않는 사람도 있고요.

과제를 할 때도 사람마다 좋아하는 방식이 달라요. 이 차이를 인정하지 않고 굳이 모둠으로 함께 공부해야 할 이유를 모르겠어요. 혼자가 편한 사람한테까지 함께 해야 한다고 말하는 것은 강요 아닌가요?

김독립 님이 어떤 부분에서 모둠 활동을 힘들어하는지 잘 알겠어요. 그렇지만 우리는 학교에서 교과서에 적힌 것만 공부하는 게 아니에요. 다른 사람과 의논하고, 나와 다른 의견을 객관적으로 바라보고, 장난치거나 딴짓하는 친구에게 그러지 말라고 이야기도 하고, 힘들어하는 친구를 격려하고 때론 이끌어 주며 발맞추는 방법을 찾는 것도 중요한 공부예요.

세상은 혼자 살아갈 수 없으니까 학교에서 경험을 쌓는 거예요. 다 함께 공부하는 학교인 만큼 소통하는 방법을 익혀야 해요.

오, 두 분의 의견 흥미롭게 들었습니다. 마지막에 김독립 님과 이모두 님이 서로 반대되는 이야기를 한 것이 특히 기억에 남네요.

김독립 님은 자신이 원하는 공부나 학습 방법을 선택하는 게 중요하다고 말씀하셨고, 이모두 님은 교과서에 적힌 것만 배우는 게 중요한 것이 아니라 다른 사람과 함께하는 방법을 배우는 것도 중요하다고 발언했어요.

학생들이 원하는 공부 방식을 선택할 자유를 존중하는 것, 여럿이 소통하는 방법을 익히는 것 모두 중요한 일이네요. 어떤 것을 더 우선해야 할지 생각해 봐도 좋겠습니다.

한 걸음 더

알림 두 가지 퀘스트를 완료하면 플레이어에게 추가 보상이 주어집니다.

퀘스트 1 핵심 단어를 완성하세요.

① ( ) 요금을 내지 않고 버스나 지하철을 타는 것. 대가를 제대로 지불하지 않고 행동하는 것을 의미하기도 한다.

② ( ) 여러 사람이 힘을 합치는 것.

③ ( ) 서로의 의견이 막히지 않고 잘 통하는 상태로 이야기하는 것.

정답 1. 무임승차 2. 협동 3. 소통

 **다음 게시글에 들어갈 답변 두 가지를 적어 보세요.**

모둠 활동을 하면 떠들면서 딴짓을 하거나 수줍다고 아무런 이야기도 하지 않는 친구들이 있어서 불편해요. 이런 친구들과 함께 모둠 활동을 잘할 수 있는 좋은 방법이 없을까요?

→ 내 경우에는

→ 이런 방법도

모두가 똑같이 보던 시험

　전국 초등학교 학생이 똑같은 시험 문제를 풀고 같은 기준으로 평가를 받던 시절이 있었어요. 2008년의 일이었지요. 하지만 몇 년 뒤 이 시험은 사라졌어요. 왜 사라진 걸까요?

　어린 나이의 학생들이 시험을 보면 점수로 서로의 실력을 비교해 우열을 가리게 되고, 지나친 경쟁에 시달릴 수 있다는 비판이 있었기 때문이에요. 이렇듯 여러 학교에 다니는 학생들이 한꺼번에 보는 시험을 일제고사라고 해요.

　그런데 최근 사라진 일제 고사를 되살리자는 의견이 나오고 있어요. 대부분의 학생이 생활 통지표에서 '매우 잘함'이나 '잘함'을 받고 있거든요. 시험의 변별력이 사라지고 사교육에 대한 의존성이 커지면서 학생들이 제 실력을 키우지 못하고 있다는 지적이 나오는 거예요. 사라진 일제 고사는 영원히 역사 속에 남는 게 좋을까요? 아니면 학생들의 실력을 평가하기 위해 되살리는 게 좋을까요?

플레이어를 선택하겠습니다.
이번 토론의 결과는 어떻게 될까요?

찬성 캐릭터
김성과

반대 캐릭터
송누리

게임 시작!

1년 365일 중 우리나라 공항에서 비행기의 이착륙이 금지되는 시간이 언제일까요? 바로 대학수학능력시험을 보는 날, 그중에서도 영어 듣기 평가 시간이에요. 그 정도로 이 시험이 중요하다는 이야기겠지요. 대입 시험뿐 아니라 중고등학교 시험, 취직 시험도 마찬가지예요. 공식적인 시험으로 온 국민이 치열하게 경쟁하고 있어요.

그렇지만 지금까지 어린이는 예외였어요. 실컷 뛰어놀아야 하는 시기인 만큼, 초등학교에서는 시험을 보지 않고 수행 평가나 단원 평가를 보는 방식으로 대체해 왔거든요. 그런데 최근에는 전국 초등학생이 한꺼번에 같은 시험을 보고, 그 수준을 평가해야 한다는 의견이 나오고 있어요.

이번에는 '초등학교 시험, 다시 생겨야 할까?'를 주제로 이야기를 나눠 볼게요. 시험이 부활해야 한다고 주장하는 김성과 님의 발언부터 먼저 들어 보겠습니다.

저는 초등학생도 시험을 봐야 한다고 생각해요. 우리는 매일 학교에서 새로운 내용을 배우지만, 수업을 듣기만 할 뿐 그 내용에 대해서는 잘 모르는 경우가 많아요. 내가 얼마나 학습한 내용을 이해하고 있는지 확인하기도 어렵고요. 시험을 보면 이미 배운 내용도 다시 살피게 되고, 좋은 성적을 얻기 위해 열심히 공부하게 돼요.

저는 김성과 님의 의견에 반대해요. 물론 시험을 보면 공부를 열심히 하고 싶은 마음이 들 수도 있어요. 하지만 시험 때문에 불필요한 스트레스를 받는 경우도 많아요.

학교에서 시험을 보지 않더라도 어차피 학생들은 학원에서 시험을 봐야 하고, 중고등학생이 되면 자연스럽게 수많은 시험을 치르게 돼요. 공부도 중요하지만 초등학생은 자유롭게 시간을 보내야 하지 않을까요? 초등학교에 시험이 생기면 학생들은 과도하게 스트레스를 받을 거고, 낮은 성적에 좌절하는 친구도 생길 거예요.

말씀대로 중학생이 되면 어차피 시험을 보게 돼요. 그런데 초등학생 때 시험을 보지 않고 진학하게 되면 처음 보는 시험에 당황할 수 있어요. 또 스스로 공부하는 습관을 미리 쌓지 않으면 중학생이 되어서 우왕좌왕할 수 있다는 이야기를 들은 적 있어요.

무엇보다 시험을 보지 않으면 나의 학습 수준이 어느 정도인지 알기 어려워요. 내가 얼마나 공부를 했고, 무엇을 알고, 무얼 모르는지 확인할 수 없어요. 내 실력을 정확히 알아야 공부도 그에 맞춰 할 수 있고, 올바른 공부 습관도 들일 수 있어요. 지금 상황에서는 학원을 다니는 어린이만 시험 경험을 쌓을 수 있잖아요.

시험을 봐야만 나의 실력을 알 수 있는 걸까요? 초등학교에서도 단원 평가나 수행 평가를 하고 있고, 그에 따라 학교에서 통지표가 나와요. 내 수준을 충분히 알 수 있어요.

성적이 나오면 나도 모르게 비교하고 싶은 마음이 생길 거예요. 결국에는 누가 얼마나 공부를 잘하는지 그걸 알고 싶어 하게 되고요. 성적대로 줄을 세워 서열을 비교하는 데 더 관심을 기울이게 돼요.

이렇듯 서로의 점수를 비교하다 보면 성적이 가장 중요하다는 인식이 생기지 않을까요? 세상에는 공부를 잘하는 사람도 있지만 운동을 잘하는 사람, 악기 연주를 잘하는 사람, 컴퓨터를 잘 다루는 사람도 있잖아요. 사람마다 잘하는 것이 이렇게 달라요. 그런데 어릴 때부터 시험을 보게 되면 성적으로 비교하고 우열을 가리려는 마음이 생길 거예요.

시험을 몇 번 본다고 해서 친구들이 꼭 점수를 비교하려 들 거라고 생각하지 않아요. 시험은 오히려 공정하게 자신의 성적을 파악할 수 있는 가장 좋은 방법이 될 수 있어요.

　시험을 없애는 게 아니라, 다른 것을 잘하는 친구들에게 실력을 뽐낼 더 많은 기회를 마련하는 것이 좋지 않을까요? 시험을 보지 않는 게 진정한 해결 방법이라고 볼 수 있을까요?

시험이 가장 공정한 방법이라고 말씀하셨는데 정말 그럴까요? 시험에서는 여러 선택지 중 한 가지 정답을 골라야 점수를 얻을 수 있어요. 이렇게 시험에 익숙해지다 보면, 정답을 찾는 것이 세상에서 가장 중요한 능력이라고 생각하기 쉬워요. 오히려 시험 문제를 잘 푸는 것이 진정한 능력이라는 잘못된 생각을 심어 줄 수 있어요.

　이 정답 찾기 연습을 하느라 어린이들이 더 스트레스를 받게 될 거예요. 우리나라 어린이는 이미 시험과 경쟁에 익숙해요. 학원 다니는 데 충분히 지쳐 있고요. 학원, 과외, 학습지, 인터넷 강의 등으로 사교육에 참여하는 학생이 전체 초등학생의 86%나 된다고 해요.*

영어 학원, 수학 학원에 들어갈 때 반을 나누기 위한 시험을 보고, 피아노 학원에서는 급수 시험을 보잖아요. 저는 이때마다 늘 긴장되고 스트레스를 받아요. 이미 모두 고생하고 있는데 학교에서까지 시험을 본다고 하면 더 힘들고 고달파질 거예요. 더 심한 경쟁에 내몰리게 돼요.

시험을 보는 게 고생이라고만 말씀하셨는데, 저는 시험을 준비하며 노력하는 시간이 전부 스트레스가 된다고 생각하지 않아요. 노력해서 원하는 점수를 얻었을 때 느끼는 뿌듯한 마음, 자랑스러운 마음도 있잖아요. 시험이 나를 발전시키는 좋은 동기가 될 수도 있어요.

　학교에서 시험을 한두 번만 보는 정도라면, 정답만 찾는 기존 방식에서 크게 벗어나지 않는다면, 어린이도 시험을 통해 더 좋은 것들을 배울 수 있을 거예요.

네, 김성과 님과 송누리 님의 이야기 잘 들었습니다. 김성과 님은 초등학교에서 시험을 보면 자신이 제대로 공부하고 있는지 알 수 있고, 더 열심히 공부할 수 있는 기회가 생길 거라고 말했어요. 한편 송누리 님은 시험 때문에 어린이의 스트레스가 증가하고 사교육이 더 늘어날 거라고 발언했고요.

　두 분의 이야기를 듣다 보니 시험이 초등학생의 생활과 마음가짐에 어떤 변화를 불러오는지, 관련 기사나 연구 결과를 유심히 살펴봐야겠다는 생각이 드네요.

한 걸음 더

알림 두 가지 퀘스트를 완료하면 플레이어에게 추가 보상이 주어집니다.

퀘스트 1 핵심 단어를 완성하세요.

① ( ) 스스로 문제를 해결해 보는 시험. 문제를 푸는 방법과 결과를 함께 보고 평가한다. 초등학교부터 고등학교까지 모든 교육 과정에서 시행하고 있다.

② ( ) 학교 수업 외로 따로 돈을 내고 받는 교육. 학원에 다니거나 과외를 받는 것 등이 해당된다.

③ ( ) 새 학용품을 사고 싶어서 열심히 공부하거나, 좋아하는 운동선수처럼 되고 싶어서 꾸준히 연습하는 등 어떤 행동을 하고 싶어지게 만드는 계기.

정답 1. 수행 평가 2. 사교육 3. 동기

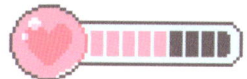 

 **퀘스트 2** 다음 게시글에 들어갈 답변 두 가지를 적어 보세요.

저는 초등학교에 시험이 없어야 한다고 생각해요. 시험 때문에 지치고 스트레스를 받으며 지내는 것보다 자유롭게 노는 것이 중요해요. 제 생각에 반대하는 분 있나요?

→ 저는 그렇게 생각하지 않아요.

→ 저 역시 생각이 달라요. 왜냐하면

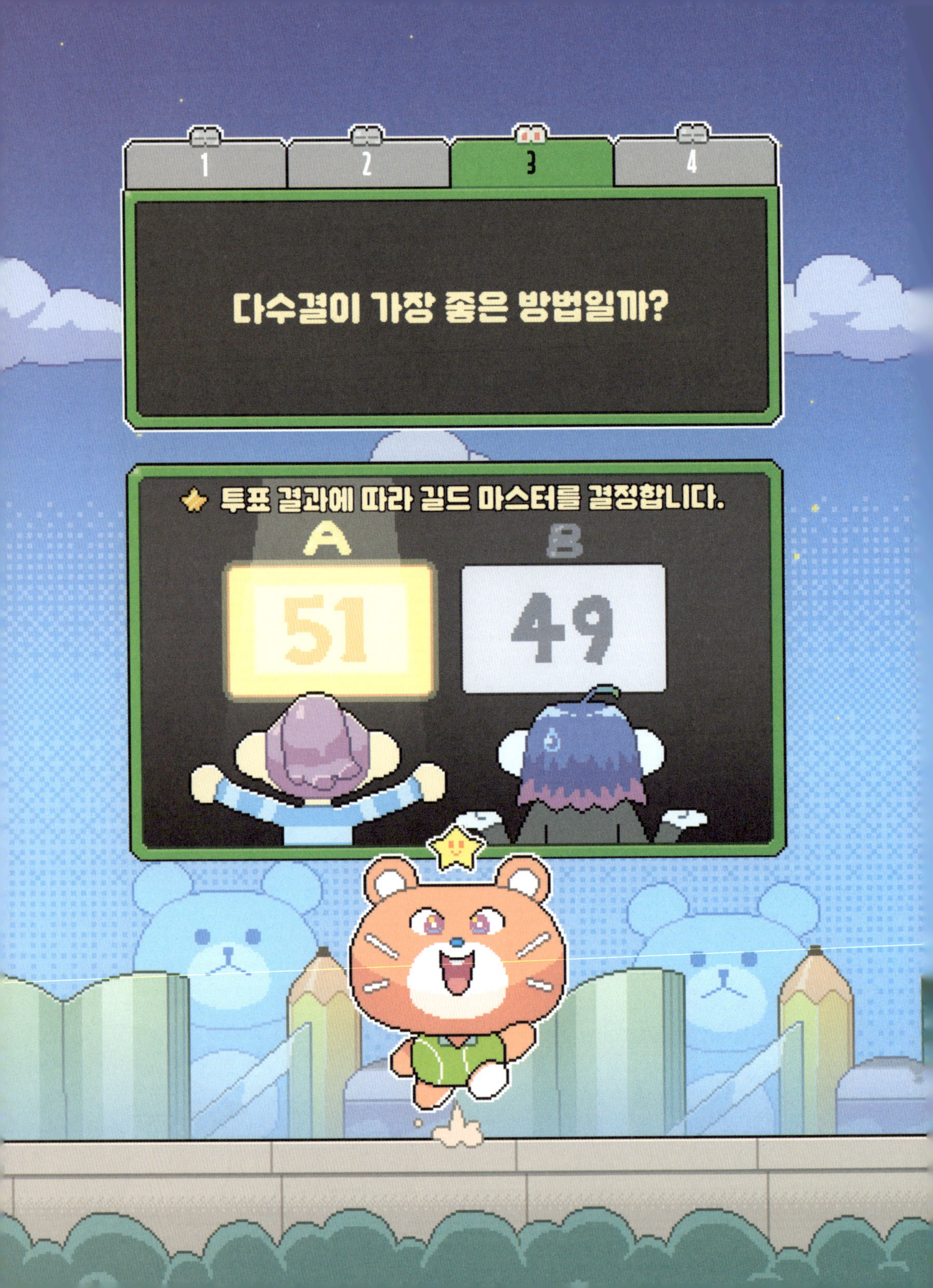

3

다수결이 가장 좋은 방법일까?

★ 투표 결과에 따라 길드 마스터를 결정합니다.

A: 51
B: 49

더 많은 사람이 선택한 결과에 실리는 힘

친구들과 분식집에서 어떤 메뉴를 고를까 결정할 때, 반에서 급식 먹는 순서를 정하거나 학급 회장을 뽑을 때 어떻게 하나요? 보통 더 많은 사람이 찬성하는 쪽으로 결정하지요. 다수결이라고 부르는 방법으로요. 다수결은 많을 다(多), 셈을 나타내는 수(數), 결정한다는 뜻의 결(決)로 이루어진 한자어예요. 가장 좋은 결정 방법은 모두의 의견이 같은 만장일치를 따르는 것이지만, 현실적으로는 만장일치가 이루어지기 어려우므로 다수결을 따르고 있어요.

그런데 다수결로 결정된 결과와 내 의견이 다를 때가 있어요. '나는 저 친구를 회장으로 뽑지 않았는데.', '내가 먹고 싶은 음식은 저게 아니었는데.' 하고 불쑥 반대하고픈 마음이 솟을 때 말이에요.

다수는 많고 소수는 적으니까 다수의 의견을 따르는 게 정말 최선일까요? 이럴 때 소수의 의견은 어떻게 해야 할까요?

플레이어를 선택하겠습니다.
이번 토론의 결과는 어떻게 될까요?

찬성 캐릭터
김만이

VS

반대 캐릭터
윤개성

게임 시작!

 안녕하세요. 이번 시간에는 다수결을 주제로 이야기해 볼게요. 우리가 살아가는 민주주의 사회에서는 다수결이라는 원칙을 따릅니다. 더 많은 사람이 선택한 의견을 따르지요. 학교에서도 대표를 뽑거나 공동 규칙을 정할 때 이 방법을 사용할 때가 많아요.

  그런데 다수결로 결정을 내리다 보면 다수의 의견과 다른 생각들이 소외돼요. 이런 문제는 어떻게 해결해야 할까요? 과연 다수결이 가장 좋은 방법일까요? 김만이 님과 윤개성 님이 각각 찬성과 반대의 입장에 섰습니다. 자, 김만이 님 먼저 말씀해 주시죠.

 저는 다수결이 민주주의 사회에서 가장 바람직한 결정 방법이라고 생각해요. 우리나라 인구를 한번 생각해 보세요. 5,000만 명이 넘어요. 국민 모두가 같은 의견일 수 없으니, 많은 사람의 의견을 따르는 게 현실에서는 가장 좋은 결정 방법이라고 봐요.

 저는 좀 의견이 달라요. 학급 회장을 뽑을 때는 어떤가요? 다수결로 가장 많은 표를 받은 사람이 회장으로 뽑히지만,

'나는 저 친구를 뽑지 않았는데.'라고 생각하는 사람도 있잖아요.

학급 회의에서 규칙을 정할 때도 마찬가지예요. 지각하는 학생에게 지각비를 걷자는 규칙이 정해지면, 속으로는 찬성하지 않는 사람들도 억지로 거기에 따라야 해요. 다수결은 겉보기에는 꽤 합리적인 절차 같지만, 실은 숫자가 많은 쪽의 의견을 일방적으로 따를 뿐이에요. 다수가 잘못된 결정을 내리는 경우도 있고요.

물론 그럴 수도 있어요. 하지만 많은 사람이 머리를 맞대야만 더 현명한 생각이 나올 수 있어요. 예를 들어, 현장체험학습 장소를 정할 때 누군가는 '바다가 좋아!'라고 할 수 있고, 또 다른 사람은 '산이 좋아!'라고 생각할 수 있어요. 그럼 이 두 의견을 모아 산이 보이는 바다로 가자고 정할 수도 있잖아요. 새로운 해결책이 나올 수 있는 거예요.

또 요즘은 누구나 쉽게 많은 정보를 구할 수 있어요. 여러 매체를 통해 다양한 정보를 접해요. 많은 사람이 의견을 함께 내면, 양질의 정보가 모이므로 더 좋은 결정을 내릴 수 있어요.

정보가 많다고 해서 다 맞는 건 아니에요. 누구나 인터넷에서 정보를 쉽게 찾을 수 있지만 누구나 쉽게 게시물을 올릴 수 있다는 걸 생각해 보세요. 요즘에는 정보가 너무 많아서 진짜인지 가짜인지 헷갈릴 때가 있어요. 가짜 정보를 퍼뜨리는 사람이 많아지면, 다수결로도 잘못된 결정을 내릴 수 있어요.

다수결로 결정하기 위해 여러 명이 의견을 나누고 타협하는 과정을 거치잖아요? 그런 과정을 통해 더 똑똑하고 합리적으로 결론을 낼 수 있어요.

  급식 순서를 정한다고 상상해 볼까요? 누군가 힘이 센 순서대로 급식을 먹자고 주장해도 다수결로 정한다면 그 의견에 반대하는 친구들이 나타날 테고, 그건 공정하지 않다고 이야기하는 사람의 의견도 들을 수 있을 거예요. 이렇게 각자 자기 의견을 내고 함께 의논하는 과정에서 더 좋은 결론을 낼 수 있다고 생각해요.

오히려 다수 쪽에 힘이 실리면 소수가 제 목소리를 내지 못할 수 있어요. 숫자가 많은 쪽이 '왜 우리에게 덤벼?'라고 말

하면 아무 말도 하지 못하는 분위기가 만들어질 수도 있잖아요. 다수가 찬성하는 의견이라 하더라도 반드시 옳지는 않다는 걸 늘 생각하고 조심할 필요가 있어요.

두 분의 이야기가 정말 흥미롭네요. 김만이 님은 다수가 정보를 모으고 의견을 합치는 과정에서 더 좋은 결과가 나온다고 이야기했어요.

반대로 윤개성 님은 잘못된 정보, 또는 목소리가 큰 한두 사람의 이야기에 휩쓸려 옳지 않은 결정을 내릴 수도 있으니 소수의 의견을 존중해야 한다고 강조했어요.

다수가 결정을 내리더라도 소수의 의견에 귀 기울일 필요가 있겠다는 생각이 드네요.

한 걸음 더

알림 두 가지 퀘스트를 완료하면 플레이어에게 추가 보상이 주어집니다.

퀘스트 1 핵심 단어를 완성하세요.

① ( ) 많은 사람이 찬성하는 의견을 따르는 방식.

② ( ) 이치나 논리에 맞는 것.

③ ( ) 좋은 바탕이나 품질.

④ ( ) 공평하고 올바름.

정답 1. 다수결 2. 합리적 3. 양질 4. 공정

 **다음 게시물에 답글을 달아 보세요.**

민주주의 사회에서는 다수결에 따르더라도 반드시 기억해야 할 점이 있습니다.

첫째,

등록

조용히 넘겨야 할까, 용기 내 말해야 할까?

학교에서 가끔 규칙을 어기는 친구들을 볼 때가 있어요. 순서대로 줄을 서야 하는데 새치기를 한다거나, 쓰레기를 아무 데나 버리는 모습 들을 발견하곤 하지요. 어떤 친구는 남의 물건을 망가뜨리기도 하고, 복도를 뛰어다니다가 위험한 상황을 만들기도 해요.

이처럼 친구가 잘못된 행동을 할 때 선생님께 알려야 할지 고민해 본 적 있지 않나요? 괜히 이야기했다가 친구와의 사이가 멀어질까 봐 걱정하는 마음이 샘솟기도 했을 거고요. 다른 친구들이 나를 고자질쟁이나 배신자로 여기지는 않을까 불안한 마음이 들기도 했을 거예요.

친구의 잘못을 알게 되었을 때 우리는 어떻게 행동해야 할까요? 친구의 잘못을 선생님께 말하는 건 고자질일까요, 올바른 행동일까요?

플레이어를 선택하겠습니다.
이번 토론의 결과는 어떻게 될까요?

찬성 캐릭터
박규칙

반대 캐릭터
김사이

게임 시작!

 이번에는 일상에서 자주 볼 법한 상황을 가정해 볼게요. 학교에서 가끔 규칙을 어기는 친구를 볼 때가 있어요. 이럴 때 친구의 잘못된 행동을 선생님께 알려야 할까요? 박규칙 님과 김사이 님의 의견을 들어 보겠습니다.

 안녕하세요? 학교생활을 하다 보면 가끔 친구가 잘못된 행동을 하는 경우를 보게 되는데요. 저는 당연히 선생님께 바로 말씀드려야 한다고 생각해요. 학교는 혼자 지내는 곳이 아니라 공동체 생활을 배우는 곳이잖아요.

 쉬는 시간에 복도를 마구 뛰어다니거나 위험한 장난을 치는 친구가 있다고 생각해 보세요. 그러다 자칫하면 다른 친구들을 다치게 만들 수 있어요. 학교 전체의 안전과 질서를 어지럽히는 행동이기도 하고요. 선생님에게 바로 알려야 해요.

 물론 박규칙 님의 말처럼 선생님께 친구의 잘못을 알려야 할 때가 있어요. 학교 폭력처럼 심각한 상황이거나 다른 친구를 위험하게 만드는 행동을 목격했을 때는 바로 말씀드려야 해요. 하지만 친구의 모든 잘못을 선생님께 이야기하

면 친구와 어색해질 수 있어요. 친구가 나를 배신자라고 생각해 믿지 못하게 될 수도 있고요. 차라리 친구에게 먼저 "그런 행동은 하지 말아 줘."라고 당부하고, 그래도 듣지 않는다면 그때 말씀드리는 게 맞지 않을까요?

친구와 멀어질지도 모르니 눈감고 넘어가야 한다고요? 저는 자기 행동에 스스로 책임을 지게 하고, 만약 잘못된 일을 저지른다면 반성하고 바른 행동을 하도록 돕는 게 진정한 친구라고 생각해요. 규칙을 어겼는데도 그냥 넘어간다면, 그 친구는 반성할 기회조차 갖지 못하게 돼요. 그걸 옳은 일이라고 볼 수 있을까요?

선생님께 혼난다고 해서 반드시 반성을 하게 되는 건 아니잖아요. 가까운 친구들이 잘못을 지적해 주면 오히려 진심으로 자신의 행동을 되돌아보게 될 거예요.

급식 순서를 어긴 친구가 있다고 상상해 볼까요? 주위 사람들이 그런 행동을 하지 말라고 이야기해 주면, 그 친구는 스스로 반성을 하게 될 거예요. 잘못을 깨닫는 기회를 주는 것도 중요해요.

 김사이 님은 스스로 잘못을 깨닫고 반성하게 되는 좋은 결과만 생각하는 것 같아요. 현실에서는 꼭 그렇게만 되지 않아요.

　잘못을 해도 혼나지 않고 넘어간다면, 다른 친구들도 '규칙을 어겨도 괜찮구나.'라고 생각하고 따라 하게 될 수도 있어요. 그러면 학교 안의 질서가 무너지기 쉬워져요. 수행 평가를 볼 때 커닝을 하는 사람이 있다고 가정해 보세요. 그 모습을 보고 아무도 말하지 않는다면, 다른 사람도 비슷한 행동을 할 수 있어요. 그러면 잘못한 사람은 자기 잘못을 모른 채 그냥 넘어가게 될 테고요.

 박규칙 님의 말에도 일리는 있어요. 커닝을 한다거나 학교 폭력을 행사하는 심각한 경우에는 당연히 선생님께 알려야 해요. 하지만 쓰레기를 버린다거나 새치기를 하는 등 비교적 작은 잘못들까지 전부 선생님께 말씀드리는 게 맞을까요? 학교에서 친구들끼리 문제를 해결해 가는 부분도 있어야 해요.

　때로는 친구가 잘못한 게 아닌데도 오해하는 바람에 선생님께 이르게 되는 경우도 있어요. 친구와 내가 우연히 부딪

혔는데, 나를 일부러 민친 것으로 착각해서 선생님께 말씀드리는 상황이요. 이러면 친구는 억울하게 혼이 날 테고, 친구 사이는 멀어질 거예요. 괜한 일을 만드는 대신, 갈등을 스스로 해결하는 편이 더 좋을 수도 있어요.

선생님께 말씀드려서 오해를 푸는 과정이 있다면 오히려 훨씬 더 명확하게 문제를 해결할 수 있지 않을까요? 선생님께서 가장 좋은 방법으로 중재해 주실 수 있다고 봐요. 더욱 깔끔하게 갈등을 해결할 수도 있고요.

두 분의 말씀 흥미롭게 들었습니다. 선생님께 친구의 잘못을 이야기해야 하는지를 살펴보려면 먼저 그것이 사소한 실수인지, 아니면 심각한 문제인지를 고민해 볼 필요가 있겠네요.

또 학교에서 생기는 문제를 해결할 때 선생님께 알리는 게 좋을지, 개인적으로 해결 방법을 찾는 게 우선일지도 함께 이야기해 보면 좋겠어요.

한 걸음 더

알림 두 가지 퀘스트를 완료하면 플레이어에게 추가 보상이 주어집니다.

퀘스트 1 핵심 단어를 완성하세요.

① ( ) 서로에게 의지하며 함께 살아가는 사람들의 모임. 가족, 학교, 마을처럼 가까운 곳에서부터 좋아하는 것들이 같은 사람들끼리 모인 모임까지, 다양한 형태로 존재한다.

② ( ) 학교 안팎에서 학생을 대상으로 발생하는 폭력 행위. 신체적 폭력뿐만 아니라 언어폭력, 사이버 폭력, 따돌림 등이 모두 포함된다.

③ ( ) 싸움을 멈추게 하고 문제를 해결하기 위해 양쪽을 화해시키는 것.

정답 1. 공동체 2. 학교 폭력 3. 중재

 **다음 채팅창에 들어갈 답글을 써 보세요.**

 친구

오늘 어떤 아이가 수행 평가 시간에 커닝을 하는 걸 봤어.
선생님께 알려야 할지 고민이 되네. 넌 어떻게 생각해?

내 생각에는

스테이지 클리어

논리의 조각

? 반박력 15 +   ♡ 논리력 4 +

[소비형] 반박력을 단번에 끌어올린다. 토론 중 누군가가 말한 주장에서 허술한 부분을 바로 찾을 수 있다. 카드를 사용할 때는 상대의 감정 상태를 파악하는 게 중요하다.

공감 확대경

? 공감력 7 ▲   ♡ 친화력 10 +

[장착형] 상대의 입장에서 다시 한번 생각할 수 있도록 도와준다. "네 말이 맞아."라는 말이 진심으로 나온다.

어느 날 동물원이 사라진다면

2023년 서울어린이대공원에서 얼룩말 '세로'가 울타리를 넘어 탈출했다가 3시간 만에 붙잡히는 일이 벌어졌어요. 다행히 세로는 무사히 동물원으로 돌아갈 수 있었어요. 그런데 몇 년 전에는 더 비극적인 사건이 일어났어요. 2018년 대전동물원의 퓨마 한 마리가 탈출한 일이었지요. 사육사가 사육장 청소를 한 뒤 문을 제대로 잠그지 않아 퓨마가 도망을 친 거예요. 퓨마는 5시간가량 동물원 안에 있는 야산을 방황하다가 엽총에 맞아 죽음을 맞이했어요. 사람의 실수로 동물이 죽음에 이르게 된 슬픈 사건이었지요.

동물원은 나들이 장소로 인기가 많은 곳이에요. 그런데 최근에는 동물원을 없애야 한다는 이야기가 나오고 있어요. 동물도 사람처럼 권리를 가지고 있다는 생각이 널리 퍼지면서, 동물을 울타리 안에 가두고 구경거리로 삼는 장소는 사라져야 한다고 주장하는 사람이 많아졌어요. 한편 동물의 보금자리로서 동물원이 존재해야 한다는 의견도 있어 양측이 팽팽히 맞서고 있어요.

플레이어를 선택하겠습니다.
이번 토론의 결과는 어떻게 될까요?

찬성 캐릭터
이보호

반대 캐릭터
박권리

게임 시작!

동물의 권리를 존중해야 한다는 생각이 널리 퍼지면서 동물원을 없애야 한다는 의견이 나오고 있어요. 이번에는 '동물원, 지켜야 할까? 없애야 할까?'를 주제로 다뤄 보겠습니다.

  찬성 측의 이보호 님과 반대 측의 박권리 님이 무대로 입장합니다. 그럼, 본격적으로 토론을 시작해 볼게요.

동물원은 계속 유지되어야 해요. 동물원은 사람에게도 동물에게도 꼭 필요한 장소예요. 우리는 동물이 사는 곳까지 멀리 가지 않아도 동물원에서 다양한 동물을 만날 수 있어요. 생명의 소중함을 느끼고 생태계에 대한 지식도 함께 얻을 수 있고요. 동물원에 방문하면 생물 다양성이 유지되어야 할 필요성도 깨달을 수 있어요. 이런 마음이 동물에게도 도움이 되지 않을까요? 전 어렸을 적, 동물원에 갔다가 나중에 크면 판다를 꼭 지켜 주고 싶다는 생각을 한 적이 있어요.

그건 동물이 아니라 사람을 위한 필요성을 말씀하시는 것 같아요. 동물이 교육을 위해 존재하는 건 아니에요. 동물권을 지닌, 그 자체로 소중한 생명이에요. 동물은 자신에게 맞는 환경에서 지낼 권리를 지니고 있어요.

　우리가 동물원에서 동물들의 참된 모습을 볼 수 있다고 생각하나요? 동물원의 동물들은 자연스러운 생활 환경에서 지내는 게 아니에요. 사람의 욕심 때문에 좁은 우리에 갇혀 같은 장소를 왔다 갔다 하거나, 벽에 머리를 들이받거나, 자신의 털을 뽑거나, 온종일 누워서 잠만 자는 등 이상 행동을 보이는 경우도 많아요. 동물을 사람의 돈벌이 수단으로 삼지 말고 자유롭게 풀어 주어야 해요. 넓은 곳에서 마음껏 뛰놀며 살게 해 줘야 해요.

동물들을 자연으로 돌려보내면 모든 동물이 행복해질까요? 동물원에 사는 동물 대부분은 태어나면서부터 동물원에서 지내서 야생을 경험해 보지 못했어요. 이 동물들을 풀어 주면 오히려 야생에 적응하지 못해 질병에 걸리거나 사고를 당하는 위험에 놓이게 될 거예요. 이제는 동물을 보호하기 위해서라도 동물원이 유지되어야 해요.

　박권리 님이 말씀하신 문제는 동물들이 지나치게 좁은 시설에 갇혀 지내지 않도록 법을 고쳐 해결하는 것이 맞지, 갑자기 동물원을 없앤다고 해결되는 게 아니에요.

동물원이 동물을 보호하는 기능을 제대로 하고 있을까요? 우리나라 동물원에서도 벵골호랑이가 어린 나이에 사망한다거나 퓨마가 탈출해 사살되거나 하는 일들이 일어났어요. 사람의 입장이 아니라 동물의 입장에서 이 문제를 생각해 봐야 해요. 동물이 야생에 적응할 충분한 시간을 마련해 주고, 본디 살던 곳에 돌아갈 수 있도록 도와야 해요.

동물원은 멸종 위기에 놓인 동물을 보호하는 역할도 해요. 개발이나 환경 오염으로 인해 살 곳을 잃은 동물과, 희귀 동물을 보호하지요. 열악한 환경 속에 동물을 가둬 두는 곳 대신, 동물이 살아가는 환경을 고민한 새로운 동물원을 만드는 방법도 있어요.

 독일의 라이프치히동물원은 넓은 면적에 사자나 호랑이를 비롯한 육식 동물을 풀어놓고 자연과 최대한 비슷한 환경에서 살게 해요. 이렇듯 자연 생태계와 비슷하게 환경을 조성하고 편안하게 지낼 수 있도록 가꾸는 게 중요해요.

그럼 차라리 동물원 대신 자연 보호 구역을 만드는 게 더 좋은 방법일 수 있어요. 그리고 요즘에는 가상 현실 기술이 발

전해서 굳이 우리 안에 갇힌 동물을 직접 보지 않더라도, 자연 속 모습을 손쉽게 만나 볼 수 있어요. 동물원을 실제로 운영하는 것보다 새로운 모습의 동물원을 만드는 게 더 도움이 된다고 봐요.

이보호 님과 박권리 님의 열띤 논쟁 잘 들었습니다. 이보호 님은 동물원을 폐지함으로써 동물권을 지키고 동물이 편안한 환경에서 살 수 있도록 도와야 한다고 주장했어요.

 이와 반대로 박권리 님은 동물원이 훌륭한 교육의 장소이고, 멸종 위기 동물을 돕는 기능이 있으니 동물원 자체를 없애기보다 환경을 개선해야 한다고 말했고요.

 사람의 입장이 아니라 동물의 입장에서 생각해 야생으로 돌려보내는 것이 맞을지, 아니면 동물원을 유지하고 환경을 개선하는 것이 좋을지 깊이 생각해 볼 필요가 있겠네요. 두 분, 고생하셨어요.

한 걸음 더

> **알림** 두 가지 퀘스트를 완료하면 플레이어에게 추가 보상이 주어집니다.

🗡️ 퀘스트 1　핵심 단어를 완성하세요.

① (　　　　) 생물들과 그 생물이 사는 곳이 서로 영향을 주고받는 복합적인 환경을 이르는 말.

② (　　　　) 동물이 지닌 기본 권리. 동물이 고통을 피하고 학대당하지 않을 권리를 포함한다.

③ (　　　　) 어떤 생물의 숫자가 줄어들다가 지구에 단 하나도 남지 않고 모두 사라져 버리는 것.

④ (　　　　) 희귀하거나 멸종 위기에 처한 동식물을 보호하고, 아름다운 자연 경관을 보존하기 위해 만들어진 특별한 구역.

⑤ (　　　　) 컴퓨터가 만들어 낸 가상 세계를 실제처럼 느끼고 경험할 수 있도록 하는 기술.

> **정답** 1. 생태계 2. 동물권 3. 멸종 4. 자연 보호 구역 5. 가상 현실

 **다음 채팅창에 들어갈 답글을 써 보세요.**

 친구

> 오늘 동물원에 갔는데, 좁은 우리에 갇혀 있는 동물들이 안쓰러워 보였어. 차라리 동물원이 사라지는 게 낫지 않을까?

나는 그렇게 생각하지 않아.

왜냐하면

내 머릿속의 플라스틱

◆ ◆ ◆

　페트병, 배달 용기, 일회용 숟가락……. 우리가 사용하는 일회용 플라스틱의 종류는 매우 다양해요. 그런데 이 플라스틱이 제조·분해되는 과정에서 발생한 미세 플라스틱이 머릿속에도 들어갈 수 있다는 사실, 알고 있나요? 미국의 한 대학이 연구한 바에 따르면, 사람의 뇌에서 발견된 미세 플라스틱의 양이 무려 한 숟가락 정도가 된다고 해요.*

　산처럼 쌓이는 일회용 플라스틱 쓰레기들이 버려져 바다로 흘러들면, 바다 생물이 먹이로 착각해 삼키기 쉬워요. 그러면 바다 생물을 거쳐 사람 몸속으로도 들어올 수 있지요. 이처럼 플라스틱이 환경에 미치는 영향이 심각해지자 뉴질랜드, 독일에서는 일회용 플라스틱을 쓰지 못하게 막고 있어요. 우리나라에서도 서울, 경기, 부산 등 몇몇 지역이 일회용 컵을 줄이는 방안을 내놓았어요.

　전 세계가 일회용 플라스틱 사용을 줄이려고 노력하고 있는데요, 앞으로는 완전히 금지해야 한다는 의견도 나오고 있답니다. 우리는 과연 일회용 플라스틱 없이 살 수 있을까요?

플레이어를 선택하겠습니다.
이번 토론의 결과는 어떻게 될까요?

찬성 캐릭터
오환경

반대 캐릭터
김편리

게임 시작!

태평양 바다 한가운데에는 한반도 7배 크기의 '쓰레기 섬'이 있어요.* 사람들이 버린 플라스틱 쓰레기들이 해류로 모여 거대한 섬을 이룬 거예요. 우리가 무심코 버린 쓰레기가 얼마나 환경을 오염시키는지 보여 주는 예시이지요.

　우리는 매일, 아주 많은 일회용 플라스틱 쓰레기를 배출하고 있어요. 이번에는 이러한 상황을 두고 두 분의 의견을 들어 보겠습니다. 일회용 플라스틱 사용 금지를 찬성하는 오환경 님, 반대 입장의 김편리 님이 입장합니다! 먼저 오환경 님의 이야기부터 들어 볼까요?

네, 저는 일회용 플라스틱 사용을 전면 금지해야 한다고 생각합니다. 사람들이 페트병 하나를 사용하는 데에는 고작 4시간이 걸린다고 해요. 그런데 페트병이 완전히 분해되기까지는 얼마나 많은 시간이 필요한지 아시나요? 최소 450년이 걸립니다.*

　잠깐의 편리함을 위해 사용된 일회용 플라스틱은 땅에 묻혀 토양을 오염시키고 식물의 성장을 방해해요. 그러면 동물들의 살 곳이 줄어들어요. 또 일회용 플라스틱을 태울 때 발생하는 유해 물질은 대기를 오염시켜요. 이런 문제를 없애려면 일회용 플라스틱 자체를 쓰지 않아야 해요.

물론 일회용 플라스틱을 무분별하게 사용하는 건 좋지 않아요. 그렇지만 어쩔 수 없이 써야만 하는 경우도 있어요. 예를 들어 배달 용기나 페트병 같은 것들은 당장 다른 소재로 대체하기 어려워요.

하지만 조금씩 줄여서는 근본적으로 해결할 수 없는 문제예요. 지금도 일회용 플라스틱 쓰레기가 산과 바다에 잔뜩 쌓이고 있는걸요.

일회용 플라스틱 대신 사용할 수 있는 것도 많아요. 종이나 유리를 사용할 수도 있고, 미생물에 의해 자연 분해되는 생분해성 플라스틱 같은 것도 많이 개발되어 있어요.

종이는 빨리 젖고 유리는 무겁잖아요. 이런 재료들을 사용하면 자원이 그만큼 더 많이 들어가고요. 플라스틱만큼 가볍고 편리한 건 없다는 걸 인정해야 해요. 그리고 생분해성 플라스틱이 개발되었다고는 하지만, 자연에서 완전히 분해되려면 시간이 걸리고 특정 조건도 갖춰져야 해요. 이것도 올바른 방법으로 분리배출되지 않으면 오히려 환경에 부담이 될 수 있다고 해요.

　지금처럼 일회용 플라스틱 사용을 줄여야 하는 방향으로 가는 건 맞지만, 갑자기 모든 사용을 금지하기는 어려워요. 그렇게 되면 일회용 플라스틱을 만드는 기업도 당장의 어려움에 맞닥뜨릴 수 있어요.

제도가 바뀌어야 기업의 생각도 바뀌지 않을까요? 사람들이 일회용 플라스틱을 사용하지 않는 습관을 들여야 기업도 친환경 제품을 더 많이 만들 거예요. 친환경 제품을 통해 소비자의 좋은 반응도 이끌어 낼 수 있을 거고요.

그 변화는 조금씩 단계별로 이루어져야 해요. 음식을 배달하고 포장할 때 여러 번 쓸 수 있는 다회용 용기를 지원하고, 일회용 컵 보증금제 같은 제도를 활용해 여러 번 재활용할 수 있는 컵을 더 많이 쓰게 하는 거예요. 그렇게 순차적으로 플라스틱을 재사용하면 돼요.

 네, 두 분의 말씀 잘 들었습니다. 오환경 님은 일회용 플라스틱의 사용을 완전히 금지해야 비로소 플라스틱으로 인한 환경 오염을 막을 수 있다고 이야기했어요. 또 일회용 플라스틱을 대신할 수 있는 자원이 있으니, 그것들을 충분히 활용할 수 있어야 한다고 봤고요.

반면에 김편리 님은 일회용 플라스틱 사용을 한 번에 금지하기보다 조금씩 줄여 나갈 수 있도록 법과 제도를 바꾸는 게 우선이라고 주장했어요.

지금 생분해성 플라스틱 사용 기술이 얼마나 효과를 보이고 있고, 실제로 어떻게 활용되고 있는지 더 조사해 보면 좋을 듯하네요.

한 걸음 더

알림 두 가지 퀘스트를 완료하면 플레이어에게 추가 보상이 주어집니다.

퀘스트 1 핵심 단어를 완성하세요.

① (　　　　) 자연환경에서 미생물에 의해 물과 이산화 탄소 등으로 분해되는 플라스틱. 일반 플라스틱은 분해되는 데 수백 년이 걸리지만, 생분해성 플라스틱은 상대적으로 짧은 기간 안에 분해되어 환경 오염을 줄일 수 있는 장점이 있다.

② (　　　　) 국가나 사회에서 사람들이 편리하고 안전하게 살 수 있도록 정해 놓은 약속 또는 규칙.

③ (　　　　) 자연을 해치지 않고 자연 그대로의 환경을 보호하는 방법이나 태도.

④ (　　　　) 일회용 컵을 사용할 때 보증금을 내고, 컵을 반환하면 보증금을 돌려받는 제도.

정답 1. 생분해성 플라스틱 2. 제도 3. 친환경 4. 일회용 컵 보증금제

 퀘스트 2 다음 채팅창에 들어갈 답글을 써 보세요.

 친구
> 오늘 부모님이랑 카페에 갔는데 매장에서는 일회용 컵을 사용할 수가 없더라.

> 맞아. 일회용품은 전부 없어지면 좋겠어.

 친구
> 하지만 편의점에서 물을 살 때도 그렇고, 배달 용기도 사라지면 어떻게 해? 엄청나게 불편하지 않을까?

> 플라스틱을 쓰지 않는 대신 사용할 수 있는 물건이 많아.

> 예를 들면

지하철은 누구를 위해 달리는 걸까?

♦ ♦ ♦

　버스 정류장에서 버스에 올라타는 것, 지하철을 갈아타기 위해 계단을 오르내리는 것. 누군가에게는 당연한 일상이지만 장애인에게는 쉬운 일이 아니에요. 휠체어를 타면 지하철과 승강장 사이 틈에 바퀴가 끼는 일이 생기기도 하고요. 시각 장애인의 경우, 정류장에서 몇 번 버스가 오는지 알기 어려워요.

　대한민국 국민이라면 누구나 자유롭게 원하는 곳으로 이동할 수 있어요. 이 권리를 이동권이라고 해요. 그래서 정부는 장애인도 편하게 이동할 수 있도록 엘리베이터와, 휠체어가 올라탈 수 있는 경사로를 갖춘 저상 버스를 만들고 있어요. 하지만 아직도 엘리베이터 수가 많지 않고, 저상 버스도 버스 10대 중 3~4대뿐이라 장애인들이 이동하기는 여전히 힘들어요.* 그래서 장애인 단체에서는 장애인 이동권을 개선하기 위해 여러 방식으로 목소리를 높이고 있어요.

플레이어를 선택하겠습니다.
이번 토론의 결과는 어떻게 될까요?

찬성 캐릭터
나이동

반대 캐릭터
이보통

게임 시작!

휠체어를 탄 장애인들이 출근 시간에 지하철을 타고 내리거나, 지하철역에 드러누워 시위하는 모습을 본 적이 있나요? 이런 시위는 장애인이 차별 없이 안전하고 편리하게 이동할 수 있는 권리, 즉 장애인 이동권을 실현하기 위한 외침이에요.

어떤 사람들은 장애인 이동권 보장을 위해 법과 제도를 바꿔야 한다고 말해요. 그보다는 사회적 관심을 모으고 시민들의 의식을 개선하는 게 먼저라고 말하는 사람도 있고요. 이번에는 나이동 님, 이보통 님이 이 문제를 함께 생각해 보고 이야기해 볼게요.

휠체어를 사용하는 장애인이 서울에서 지하철을 갈아타려면 평균 11분이 걸린다고 해요. 비장애인이 환승하는 시간보다 3.3배 더 긴 시간이지요. 또 어떤 역은 갈아타는 데만 20분 이상이 걸린다고 해요.* 심지어 버스를 이용하려면 저상 버스가 올 때까지 하염없이 기다려야만 하고요.

왜 이렇게 이동 시간에 차이가 많이 나는 걸까요? 지하철역에는 장애인이나 어린이, 노인을 포함한 교통 약자가 이용할 수 있는 엘리베이터가 너무 적고 환승도 불편해요. 장애인 단체에서는 시위를 통해 이런 상황을 알리고 시설을 늘려 달라고 주장하고 있어요.

장애인이 더 편하게 이동할 수 있도록 필요한 시설을 하루빨리 갖춰야 할 것 같아요. 여기서 더 나아가 장애인 이동권에 관심을 기울이게 하는 방법도 생각해 보면 좋겠어요. 법을 바꾸기 위해 정부와 직접 대화를 해 보면 어떨까요?

정부와의 대화 자리를 마련하는 게 쉽지는 않을 것 같아요. 또 그런 방법으로 충분할지 잘 모르겠어요. 어떤 문제는 눈에 보이지 않으면 사람들이 인식조차 하지 못해요. 그러다 보면 문제가 심각해져도 아예 관심을 가지지 않을 수도 있고요. 여러 명이 모여서 한목소리로 단체 행동을 보이면, 지금처럼 소식이 널리 퍼져서 비장애인도 심각성을 깨닫게 되는 게 아닐까요? 모두가 관심을 가져야만 세상이 바뀌어요.

이런 방법은 어떨까요? 장애인 이동권 보장을 위한 캠페인을 벌여 시민들에게 알리는 거예요. 사람이 많이 모이는 광장이나 SNS 같은 매체를 통해 이 문제의 심각성을 알리고, 시민들이 인식할 수 있게끔 돕는 거지요. 장애인의 이동이 어려운 이유 중에 비장애인들의 따가운 시선도 있다는 이야기를 들어 봤어요. 어린이도 어른도 참여할 수 있는 캠페인을 시행하면, 사람들의 시선도 바꿀 수 있지 않을까요?

오, 그것도 좋은 방법인 것 같아요. 그런데 캠페인으로 사람들의 시선이 차츰 바뀔 수는 있어도, 장애인이 이동하기 어려운 환경에 처해 있는 문제를 당장 해결하기는 어려워 보여요. 해외의 사례를 한번 볼까요?

　미국에는 저상 버스를 의무적으로 만들어야 하는 법이 제정되어 있어요. 그런데 이건 그냥 얻어진 결과가 아니에요.* 이미 50년 전쯤 장애인 단체 활동가들이 버스 앞을 막아서는 격렬한 시위를 벌여 어렵게 얻어 낸 것이에요.

　일부 시민이 잠시 불편을 겪을 수도 있지만, 길게 보면 사회가 더 좋은 방향으로 나아가기 위한 움직임이에요. 장애인을 위한 시설이 더 많이 생기면, 노인 또는 유모차를 끌고 이동해야 하는 사람들도 훨씬 더 편하게 다른 장소로 이동할 수 있어요.

네, 두 분의 의견 잘 들었습니다. 이보통 님은 장애인 이동권에 대한 관심을 높이기 위한 방안으로 정부와의 대화 자리 마련, 캠페인을 통해 시민 의식을 제고하는 방향을 이야기했어요.

나이동 님은 사회적 관심을 모으려면 눈에 보이는 움직임이 있어야 한다고 보았네요. 그래야 비장애인도 문제점을 인식할 것이고, 당장의 변화를 이끌어 낼 수 있다고 발언했어요.

이번 토론으로, 이동에 불편을 겪지 않는 비장애인이 평소 장애인이 처한 현실에 얼마나 관심을 기울이고 있는지 생각해 보게 되네요. 이동권은 인권의 일부이고, 인간으로서 누려야 하는 권리예요. 이 문제가 장애인만의 문제가 아닌 우리 모두의 문제라는 점을 함께 곱씹어 보면 좋겠어요.

한 걸음 더

알림 두 가지 퀘스트를 완료하면 플레이어에게 추가 보상이 주어집니다.

퀘스트 1 핵심 단어를 완성하세요.

① ( ) 여러 사람이 같은 목적을 가지고 자신의 의견이나 주장을 알리기 위해 길거리나 광장에서 단체 행동을 보이는 일.

② ( ) 한자 '비(非)'를 사용한 말. 장애가 없는 사람.

③ ( ) 목적지에 가기 위해 탈것이나 노선을 갈아타는 것.

④ ( ) 장애인이나 노인, 임산부, 어린이 등 교통수단을 이용할 때 상대적으로 다른 사람보다 더 불편함을 느낄 수 있는 사람.

정답 1. 시위 2. 비장애인 3. 환승 4. 교통 약자

 **다음 게시물에 답글을 달아 보세요.**

장애인 이동권 보장을 위해 정부와 대화를 하거나 시민을 대상으로 캠페인 운동을 벌이면 좋을 것 같아요.

저는 이런 방법도 떠올려 봤어요. 예를 들어

등록

스테이지 클리어

생각 방패

감소된 능력치를 되돌리고
플레이어의 상태 이상을 치유한다.

[소비형] 상점에서 비싼 값에 구매할 수 있다.
즉각적으로 상태 이상을 치유한다.
던전을 도는 데 필수로 챙겨야 하는 아이템이다.

오환경

| 직업 | 지구 방위자 |

♥ 레벨 16 ★ 논리력 10▲
? 상상력 6▲ ☺ 친화력 5-

환경 문제에 관심이 많다.
평소 동물 다큐멘터리를 즐겨 보며 좋은 작품을 발견하면 주변에 꼭 추천한다.
학교에서 일회용품을 쓰는 친구를 발견하면 한마디씩 한다.

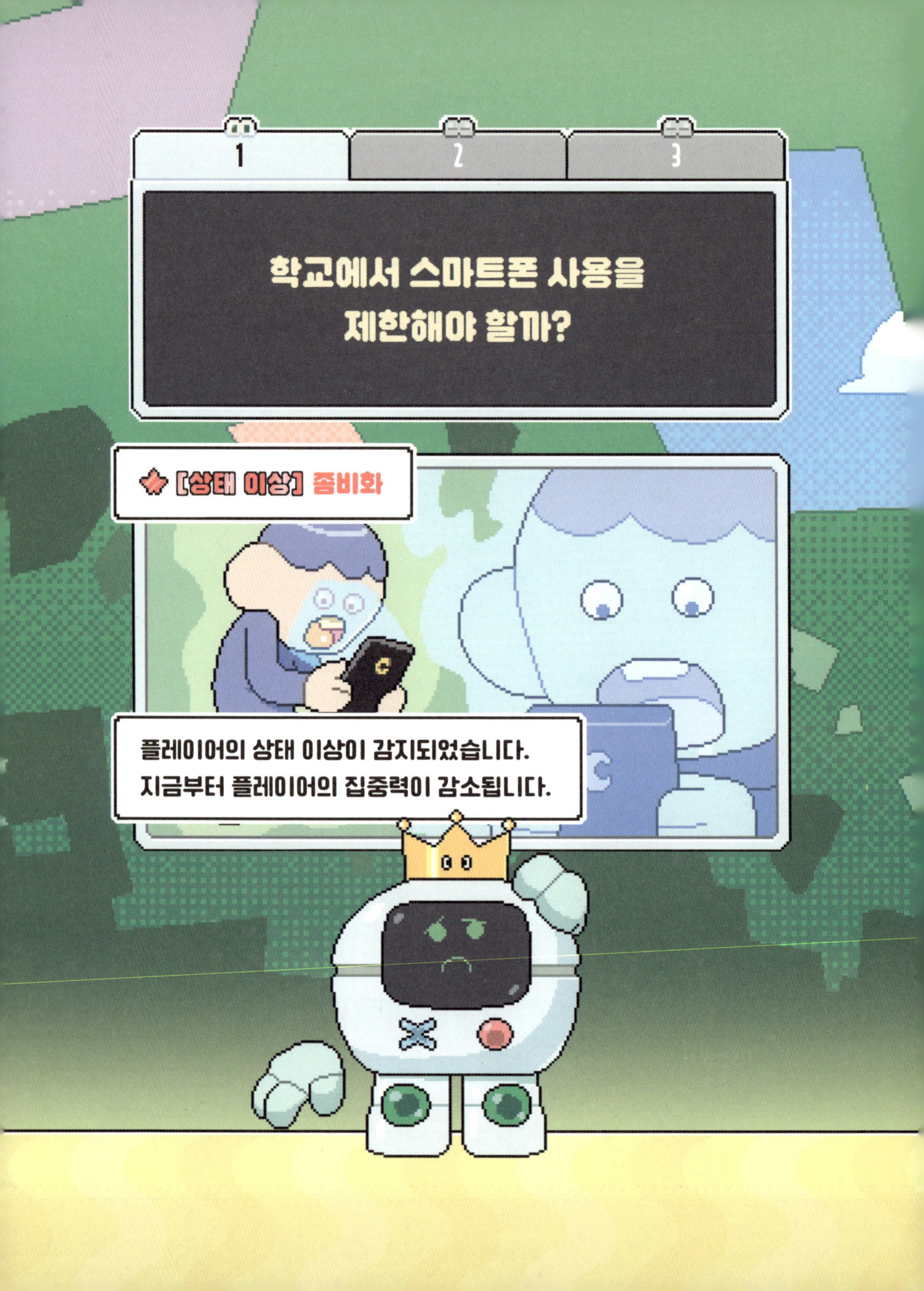
1
2
3
학교에서 스마트폰 사용을
제한해야 할까?
[상태 이상] 좀비화
플레이어의 상태 이상이 감지되었습니다.
지금부터 플레이어의 집중력이 감소됩니다.

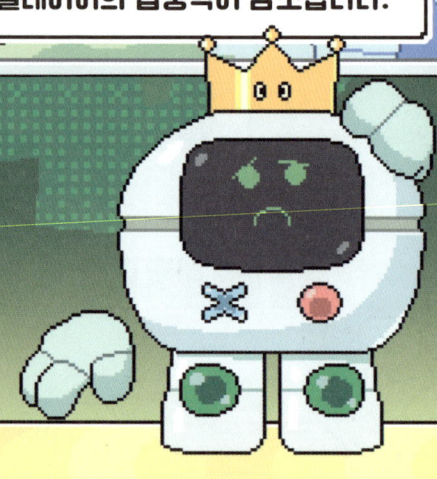

움직이는 좀비가 된 사람들

'스몸비'라는 말을 들어 본 적 있나요? 스몸비는 스마트폰과 좀비의 합성어로, 스마트폰에서 눈을 떼지 못하고 거리를 돌아다니는 사람을 일컬어요. 이들이 앞을 제대로 보지 않고 에스컬레이터를 타거나 횡단보도를 건너는 바람에 보행자 사고가 나날이 증가하고 있지요.

특히 요즘에는 어린이의 스마트폰 사용량이 급격하게 증가해 심각한 사회 문제가 되고 있어요. 2023년 한국언론진흥재단이 조사한 바에 따르면, 7~9살 어린이가 하루 평균 196.9분 동안 스마트폰을 포함한 미디어를 사용하고 있는 것으로 드러났어요.*

이처럼 스마트폰 중독 문제가 심각해지자 2025년 8월, 수업 중 스마트 기기 사용을 금지하는 법안이 통과되었어요. 이러한 움직임에 반대하는 학생들도 있고요. 학교에서 스마트폰 사용을 막는 건 옳지 않은 일일까요?

플레이어를 선택하겠습니다.
이번 토론의 결과는 어떻게 될까요?

찬성 캐릭터
금지훈

VS

반대 캐릭터
정보연

게임 시작!

우리가 아침에 일어나면서부터 잠들 때까지 가장 많이 만지는 물건이 무엇일까요? 네, 바로 스마트폰입니다. 스마트폰은 우리 생활에 꼭 필요한 물건이 되었어요. 문제는 학생들의 스마트폰 중독이 점점 심해지고 있는 거예요. 최근에는 수업 중 스마트폰 사용을 금지하는 법안이 통과되기도 했는데요. 이번 시간에는 교내 스마트폰 사용에 대한 찬반 의견을 들어 볼게요.

저는 학교에서 스마트폰 사용을 허용해야 한다고 생각해요. 초등학생도 급한 일이 생겼을 때 보호자와 연락할 수 있어야 해요. 학교 안이라 해도 언제 어디에서 무슨 일이 일어날지 몰라요. 수업에 방해되지 않도록 수업 시간에만 못 쓰게 하고, 쉬는 시간이나 점심시간에는 쓸 수 있도록 해야 돼요.

급한 일이 생기면 선생님께 말씀드리면 되지 않을까요? 교실을 둘러보면 쉬는 시간에 게임을 하거나 꼭 하지 않아도 될 인터넷 검색에 정신없이 빠져 있는 친구들이 많아요. 종 치기 직전까지 스마트폰을 하다 보면 수업이 시작되어도 집중하기 어렵고, 수업 시간에 몰래 친구들끼리 연락하는

125

경우도 생겨요. 공부에 집중할 수 없으니 학교에 오자마자 스마트폰을 수거하거나 아예 사용을 막아야 한다고 봐요.

저는 생각이 좀 달라요. 숙제를 할 때 인터넷 검색으로 도움을 받는 경우도 있잖아요. 요즘에는 자료를 검색해서 발표를 준비해야 하는 수업이 많아요. 수업 중에 자기 마음대로만 사용하지 않는다면, 스마트폰 사용을 허용해도 된다고 생각해요.

하지만 스마트폰을 원하는 방향, 바람직한 방향으로만 사용하기는 어려워요. 어른들도 스마트폰에 쉽게 중독이 되어서 푹 빠지는 경우가 많은데 어린이들은 어떻겠어요? 우리는 아직 스스로 행동을 조절하거나 자제하는 습관을 완전히 들인 상태가 아니라, 어느 정도는 강제로 지켜야 할 규칙이 필요한 것 같아요. 학교에서만큼은 스마트폰을 놓고 참아 보는 시간을 가지면 어떨까요?

어른들은 마음대로 스마트폰을 사용할 수 있는데 아이들의 자유만 금지하는 게 옳은 일일까요? 이건 학생들의 자유를

침해하는 거예요. 스마트폰은 어린이와 보호자가 의논해서 마련한 거잖아요. 그런데 학교 안에서 마음대로 사용할 수 없게 하는 건 옳지 않다고 생각해요.

자유에도 제한이 필요하다고 생각해요. 학교는 단체 생활을 배우는 곳이에요. 그런데 쉬는 시간에 게임이나 영상 시청에만 몰두하면 친구들과의 대화도 줄어들고 학교생활에 방해가 될 수 있어요. 그리고 학교에서 몰래 촬영을 한다거나 단체 채팅방에서 따돌림이 벌어지는 등 악용 사례도 생길 수 있고요. 과도한 자유를 누리기보다 규칙 속에서 책임 있게 스마트폰을 사용하는 습관을 기르면 좋지 않을까요?

  벨기에, 프랑스, 호주에서도 교내 스마트폰 사용을 금지하는 학교가 늘고 있어요.* 이런 잇따른 움직임에는 이유가 있다고 생각해요.

스마트폰 사용을 막으면 오히려 반발하고 싶은 마음이 생기지 않을까요? 스마트폰을 걷는다 해도 제출하지 않고 몰래 사용하는 학생이 있을 수 있어요. 거기에서 생기는 갈등도 무시할 수 없고요. 이런 문제를 만들면서까지 사용을 제한하는 것보다, 쉬는 시간에만 사용할 수 있게 하되 올바른 사용 방법을 교육하는 편이 더 좋은 해결 방안이 될 거라고 생각해요.

네, 정보연 님은 숙제를 하거나 발표 준비에 활용하는 등 교내 스마트폰 사용에 유용한 면이 있다고 주장했어요. 금지훈 님은 수업에 도리어 방해가 되는 부분이 더 많다고 주장했고요. 또 정보연 님은 학교에서 스마트폰 사용을 막는 것이 학생의 자유를 제한하는 것이라 얘기한 반면, 금지훈 님은 어느 정도 자유를 제한할 필요가 있다고 발언했어요.

두 분의 의견을 들으니 교내 스마트폰 사용의 장단점이 각각 무엇인지, 학생의 자유는 어디까지 허용되어야 하는지 더 고민해 봐야겠다는 생각이 드네요.

한 걸음 더

알림 두 가지 퀘스트를 완료하면 플레이어에게 추가 보상이 주어집니다.

퀘스트 1 핵심 단어를 완성하세요.

① (　　　　　) 물건 등을 거두어 가는 것.

② (　　　　　) 자기의 욕망이나 감정이 지나치게 커지지 않도록 조절하는 것.

③ (　　　　　) 침범해서 손해를 끼치는 것.

④ (　　　　　) 나쁜 일에 쓰거나 잘못된 일에 씀.

정답) 1. 수거 2. 자제 3. 침해 4. 악용

 **퀘스트 2** 다음 채팅창에 들어갈 답글을 써 보세요.

 친구
오늘 쉬는 시간에 스마트폰을 쓰다가 선생님께 들켜서 혼났어. 억울해.

지난번에 교칙으로 학교에서는 스마트폰을 사용하지 않기로 정했잖아.

 친구
생각해 봐. 수업 시간에는 스마트폰을 사용하지 않는 게 좋겠지만, 적어도 쉬는 시간에는 친구랑 연락 정도는 주고받을 수 있어야 하는 거 아니야? 왜 학생들만 학교에서 스마트폰을 쓰지 못하게 하는 거야?

음……. 네 의견에도 일리가 있지만 나는 이렇게 생각해.

숙제, 누구의 힘으로 풀어야 할까?

◆ ◆ ◆

숙제를 하다가 잘 풀리지 않아서 누군가 도와주었으면 하는 마음이 든 적이 있나요? 요즘에는 거꾸로, 숙제를 내 준 선생님이 고민에 빠질 때도 있답니다. 챗GPT라는 새로운 존재가 등장했기 때문이에요.

챗GPT는 '오픈AI'라는 미국의 연구소에서 만든 대화형 인공 지능이에요. 인공 지능은 사람이 하는 일을 도와주는 똑똑한 컴퓨터라고 할 수 있지요. 사람의 일을 대신하기도 하고, 시간이 오래 걸리는 일도 금방 처리해요.

챗GPT는 인터넷에 있는 엄청나게 많은 정보를 학습해서 이용자가 묻는 질문에 맞춰 대답해요. 대화 내용을 바탕으로 글을 고치거나 이야기를 만들기도 하고, 외국어 뜻을 알려 주기도 하지요. 이렇듯 다양하게 활용할 수 있어 요즘 많은 사람에게 인기를 끌고 있어요. 그런데 챗GPT가 등장한 이후로 전 세계의 학생들이 어려운 숙제를 스스로 풀지 않고 챗GPT에 물어보는 일이 많아졌어요. 인공 지능에게 숙제를 맡겨도 괜찮은 걸까요?

숙제를 하다가 어려운 부분이 나와서 턱 막힌 경험이 누구나 있을 거예요. 누군가가 대신 해 주면 좋겠다고 생각할 때도 있었을 거고요. 그렇다면 편리한 도구인 챗GPT를 이용해 숙제를 해도 되는 걸까요? 이 주제를 두고 찬반 의견을 짚어 볼게요.

저는 챗GPT에게 숙제를 맡기는 데 찬성해요. 숙제를 하다 보면 모르는 게 나와서 끙끙댈 때가 있잖아요. 그럴 때 챗GPT에게 질문을 하면, 쉽게 설명해 주거나 필요한 정보를 척척 알려 줘요. 숙제할 수 있는 시간을 줄일 수 있고 여러모로 편리하다고 생각해요.

그렇지만 모르는 부분은 스스로 알아보고, 복잡한 문제를 두고 몇 시간 동안 고민하기도 하면서 답을 찾아 가는 게 진정한 공부의 과정 아닐까요? 챗GPT에 지나치게 의존하게 되면 스스로 문제를 해결하고 정보를 찾는 능력이 떨어질 수 있어요. 어렵더라도 혼자 충분히 고민하는 시간을 가지면 다음에 같은 문제를 만났을 때 능숙하게 해결할 수 있을 거예요.

 저는 챗GPT를 사용한다고 해서 문제 해결 능력이 떨어질 거라고 생각하지 않아요. 챗GPT는 어디까지나 정보를 알려 주는 도구일 뿐이고, 우리는 그걸 바탕으로 더 좋은 결과물을 이끌어 낼 수 있어요. 예를 들어 글쓰기 숙제를 할 때 챗GPT를 통해 재미있는 아이디어를 많이 얻을 수 있는데요. 그러면 전보다 더 풍성한 내용을 담을 수 있어요.

 그건 스스로 떠올린 게 아니잖아요. 그리고 챗GPT의 아이디어를 그대로 사용하면 다른 사람의 숙제를 베껴서 내는 것과 다름없지 않을까요? 자신의 머릿속에서 나온 생각을 적어야 하는데 인공 지능이 만들어 준 결과물을 제출하는 건 표절이라고 생각해요.

 무조건 베끼는 것이라고 볼 수는 없어요. 챗GPT를 이용해서 궁금한 점을 풀고 학습 자료를 찾는 거잖아요. 그러다 보면 내가 주도해서 공부하는 능력을 키울 수 있어요. 내 수준에 맞게 맞춤형으로 공부할 수 있는 기회도 만들 수 있고요.

 하지만 챗GPT가 알려 주는 정보가 늘 맞는 건 아니에요. 챗GPT가 잘못된 사실을 진짜처럼 보이게 조작해 가짜 뉴스를 만든다는 이야기도 있어요. 사람들이 가지고 있는 잘못된 생각과 편견을 전하는 경우도 있고요.

  뉴스를 보니 이미지 생성형 인공 지능 '미드저니'에게 의사와 환자 모습을 만들어 달라고 했더니 의사로는 백인, 환자로는 흑인을 그린 결과를 내놓았다고 해요. 흑인 의사가 백인 아이를 돌보는 장면을 요청했는데도 원하는 이미지를 얻을 수 없었다고 하더라고요.*

  이렇듯 인공 지능도 잘못된 생각을 전할 수 있어요. 그런데 그 결과를 그대로 믿으면 어떤 일이 벌어질까요? 자기도 모르게 그릇된 생각을 받아들일 테고 비판적 사고 능력도 떨어지게 될 거예요. 그러니 인공 지능에 의존하지 않는 편이 좋아요.

 그건 시대에 뒤처진 생각이에요. 앞으로 우리가 살아갈 세상은 인공 지능과 함께 사는 세상이에요. 인공 지능의 사용을 무조건 막을 수는 없어요. 숙제를 할 때에도 챗GPT 사용을 막기보다는, 활용하는 방법을 익혀서 좋은 결과물을

만들 수 있도록 하는 능력을 키워야 하지 않을까요?

덴마크의 한 고등학교에서는 숙제를 할 때 아예 인공 지능을 사용하라고 권장했다고 해요.* 앞으로는 인공 지능과 더불어 살아가야 하니 그 방법을 가르치는 것이지요.

거기에 또 제가 반대하는 이유가 있어요. 인공 지능을 활용하는 기회 자체도 모두에게 공평하게 돌아가지 않아요. 요즘에는 챗GPT도 새롭게 나온 더 좋은 버전을 사용하려면 돈을 내야 해요. 인터넷을 보다 쉽게 이용할 수 있는 환경에 있어야 하고요.

더 좋은 챗GPT를 이용할 수 있는 사람은 더 좋은 결과를 낼 수 있고, 그렇지 않은 사람은 뒤처질 수 있어요. 챗GPT를 활용할 수 있는 기회의 차이에 따라 불공평한 상황이 생기는 거예요. 이런 부작용이 있는데도 숙제할 때 인공 지능을 사용하게 하는 건 옳지 않다고 생각해요.

두 분의 의견 잘 들었습니다. 김빠른 님은 챗GPT를 이용해 숙제를 하면 문제를 빠르고 쉽게 풀 수 있는 데다 좋은 아이디어를 바탕으로 더 나은 결과물을 낼 수 있다고 발언했

어요.

반대로 손사유 님은 챗GPT를 써서 숙제를 하는 행위는 남의 것을 베끼는 것과 같으며, 챗GPT에 의존하다 보면 스스로 공부할 수 있는 능력이 떨어질 수 있다고 주장했어요.

챗GPT 사용이 실제로 학생들의 학습 능력에 어떤 영향을 미치는지 더 자세히 살펴볼 필요가 있겠네요. 이번 토론 배틀은 여기에서 마칠게요.

한 걸음 더

알림 두 가지 퀘스트를 완료하면 플레이어에게 추가 보상이 주어집니다.

퀘스트 1 핵심 단어를 완성하세요.

① ⬚⬚⬚⬚ 수집한 자료를 바탕으로 정리한 지식.

② ⬚⬚⬚⬚ 다른 사람의 아이디어나 글, 그림, 음악 등을 허락 없이 가져와 자기 것인 것처럼 사용하는 것.

③ ⬚⬚⬚⬚ 정보를 무조건 받아들이기보다 믿을 만한 것인지, 근거가 있는 것인지 탐구하고 평가하는 생각의 방식.

정답 1. 정보 2. 표절 3. 비판적 사고

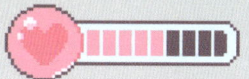 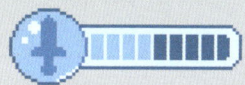

퀘스트 2 다음 채팅창에 들어갈 답글을 써 보세요.

> 숙제가 너무 어려워. 챗GPT에게 물어봐야겠어.

 친구
> 그건 좀 양심에 찔리지 않아? 챗GPT가 한 말을 그대로 적는 건 남의 숙제를 베끼는 것과 비슷하다고 생각해.

> 그래? 내 의견은 조금 달라.

딥페이크는 좋은 기술일까, 나쁜 기술일까?

◆ ◆ ◆

내 얼굴을 연예인 얼굴로 바꾸기, 게임 속 캐릭터를 실제 사람처럼 보이게 하기, 역사 속 인물을 되살려 말하게 하기. 꿈속에서나 등장할 법한 이런 장면들이 현실이 되고 있어요. 모두 딥페이크를 이용한 것이지요.

딥페이크(deepfake)란 인공 지능이 무언가를 학습하는 기술인 '디프 러닝(deep learning)'과 가짜라는 뜻의 '페이크(fake)'가 합쳐진 말로, 인공 지능이 사람의 얼굴이나 목소리를 학습해 진짜처럼 보이게 만드는 기술이에요.

실제 사람의 모습을 활용해 흥미로운 장면을 만들 수 있다는 장점이 있지만, 이 기술의 악용 사례가 늘고 있어 사회 문제가 되고 있어요. 청소년들이 친구나 선생님의 사진을 합성해 나쁜 의도로 동영상을 만들어 큰 문제가 된 적도 있어요. 유명 연예인이나 정치인의 얼굴을 합성해 가짜 뉴스를 만드는 일도 종종 찾아 볼 수 있고요. 이러한 문제를 막기 위해 딥페이크를 규제해야 할까요?

요즘 들어 유명 정치인이나 연예인의 모습을 합성해 만든 딥페이크 영상이 심심치 않게 보여요. 그런데 이 기술을 이용한 범죄 사례가 늘면서 딥페이크 법안을 마련해야 한다는 이야기가 나오고 있습니다.

 이번 시간에는 딥페이크를 법으로 막는 게 좋을지, 자유롭게 이용하게 해야 할지에 대해 토론해 보려고 해요. 오늘의 토론 배틀에 참가할 두 분을 소개합니다. 찬성하는 최고법 님과 반대하는 이기술 님의 이야기를 들어 볼게요.

저는 당연히 딥페이크 영상을 규제하는 법이 있어야 한다고 생각해요. 불법 합성물을 악의적으로 만들 가능성이 높으니까요. 미국에서는 대통령이 막말을 하는 가짜 영상이 널리 퍼져 문제가 된 적이 있어요. 우리나라에서는 10대 청소년들이 선생님이나 여학생의 얼굴을 딥페이크로 합성해 영상을 만들고, 피해자에게 엄청난 고통을 주는 일이 벌어지기도 했고요. 가짜 뉴스나 나쁜 영상이 만들어지는 걸 막기 위해 딥페이크를 처음부터 규제해야 해요.

저는 최고법 님의 의견이 모두 맞는 건 아니라고 생각해요. 나쁜 의도로 영상을 만드는 사람도 있지만, 반대로 좋게 쓰이는 경우도 있어요. 딥페이크로 게임 캐릭터나 애니메이션을 더 실감 나게 만들거나, 더는 세상에 존재하지 않는 영화배우도 화면에 등장시킬 수 있거든요.

공부를 할 때도 이 기술이 쓸모가 있어요. 역사 속 인물을 딥페이크로 살려 내 살아 있는 것처럼 설명하면 역사를 더 생생하게 배울 수 있고, 유명한 외국 배우의 발음을 들으며 공부하면 효과적으로 외국어를 배울 수 있어요. 딥페이크 영상을 법으로 막는다면 이렇게 좋은 용도로 쓰이는 사례도 막는 셈이 돼요.

이기술 님은 딥페이크를 활용하는 미래를 긍정적으로 보시나요? 기술이 발전할수록 진짜와 가짜를 구별하는 게 어려워질 거예요. 법으로 미리 규제하지 않으면 앞으로 더 큰 혼란을 겪을 수 있어요.

유명인이나 정치인의 가짜 영상을 만들어 가짜 뉴스가 더 많이 퍼질 거고요, 인터넷에서 본 정보가 진짜인지 가짜인지 일일이 구별해야 하는 불편한 일도 생길 거예요. 이런 일이 발생하기 전에 반드시 막아야 해요.

딥페이크로 무언가를 만드는 것도 창작이에요. 사람들이 나쁜 의도 없이 재미로 만드는 영상까지 규제해 버리면 표현의 자유까지 막는 일이 되어 버려요. 그렇게 하는 건 옳지 않다고 생각해요.

그렇지만 진짜와 가짜를 구별하기 어려워지면, 점점 더 그 기술을 이용해 다른 사람인 척하고 범죄를 저지르는 경우가 늘어날 거예요. 부모님이나 친구 목소리를 입힌 영상을 만들어서 돈을 요구하는 사기 범죄가 생길 수도 있고요. 얼른 막지 않으면 더 많은 범죄가 일어날지도 몰라요. 법으로 강력하게 규제할 필요가 있어요.

하지만 딥페이크로 다른 사람의 명예를 훼손하거나 사기를 치는 범죄를 일으킨 경우, 이미 다른 법으로 처벌할 수 있도록 장치가 마련되어 있는걸요. 딥페이크만 따로 규제하기보다는 기존에 있는 법을 잘 활용해서 처벌하면 돼요.

모든 기술은 좋은 쪽으로도 쓰일 수 있고, 나쁘게도 쓰일 수 있어요. 기술 자체를 막는 것보다 악용하지 않도록 예방하는 게 중요하지 않을까요?

물론 딥페이크로 범죄를 일으킨 사람은 강력하게 처벌해야 해요. 그런데 남은 피해자들의 고통은 어떤가요? 요즘에는 딥페이크 범죄에 이용당할까 봐 졸업 사진을 찍지 않겠다는 학생들도 있잖아요. 일찌감치 이 기술을 악용하는 걸 막았더라면 이런 일이 벌어지지 않았을 거라고 생각해요.

　범죄를 예방하기 위해서는 단순히 딥페이크를 올바르게 사용하는 방법을 알려 주는 데 그치는 게 아니라, 애초에 나쁜 의도로 사용되지 않도록 처음부터 막는 방법을 마련해야 해요.

네, 두 분의 이야기 잘 들었습니다. 딥페이크 영상을 규제해야 한다고 주장하는 최고법 님은 거짓 정보와 범죄를 막기 위한 법안을 마련해야 한다고 주장했어요.

　반면에 이기술 님은 기술의 발전과 표현의 자유를 위해, 무조건 법으로 막는 것보다 사용자에게 올바른 사용법을 알려 주는 것이 더 중요하다고 주장했어요.

  딥페이크 영상의 문제점을 줄이기 위해 기술 자체를 막는 게 중요할지, 나쁜 의도로 사용하지 않도록 예방하는 게 중요할지 다 같이 생각해 보면 좋겠어요.

한 걸음 더

알림 두 가지 퀘스트를 완료하면 플레이어에게 추가 보상이 주어집니다.

🗡️ 퀘스트 1 핵심 단어를 완성하세요.

① (　　　　　) 어떤 일이 마음대로 되지 않도록 법이나 규칙으로 정해 놓은 것.

② (　　　　　) 머릿속에 있는 아이디어를 그림이나 이야기, 노래, 연극, 춤, 동영상 등으로 표현하고 만들어 내는 것.

③ (　　　　　) 다른 사람에게 존경받고 좋은 평가를 받는 이름이나 자랑.

④ (　　　　　) 망가뜨리거나 손상시키는 것.

정답 1. 규제 2. 창작 3. 명예 4. 훼손

 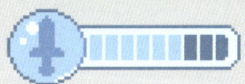

퀘스트 2 | 다음 게시물에 답글을 달아 보세요.

딥페이크를 이용해 불법 합성물을 만드는 일이 많아지고 있어요. 저는 애초에 이 기술을 쓰지 못하도록 법으로 막아야 한다고 생각합니다.

> 전 남겨 주신 의견과는 달리 기술을 막아서는 안 된다고 생각해요. 왜냐하면

등록

스테이지 클리어

진정의 오르골

| ? 공감력 | 10 + | 😊 감정 방어력 | 5 + |

[소비형] 상대 캐릭터의 감정 흥분도가 7 이상일 때 발동된다.
토론 분위기를 부드럽게 만들어 주는 노래가 나온다.
공감력 있는 발언을 자동으로 1회 추가해 준다.

손사유

| 직업 | 발표 요정 |

| ♥ 레벨 | 12 | ★ 적극성 | 6 ▲ |
| ? 순발력 | 8 − | 😊 표현력 | 7 ▲ |

목소리가 또렷하고 말하는 걸 좋아한다.
발표할 기회가 생기면 반사적으로 손이 번쩍 올라간다.
친구들의 주목을 받으면 얼굴이 벌게진다.

토론 게임을 나가며

모든 던전을 성공적으로 클리어하였습니다!

정말 고생 많았어요!

이제 여러분은 훌륭한 생각 모험가입니다.

하지만 이제 여러분은 '왜 그런 걸까?' 하고 끊임없이 생각하고 고민하는 모험가가 되었어요. 그런 여러분은, 이미 세상을 더 나은 곳으로 만드는 멋진 토론가입니다.
그럼, 다시 만날 때까지 안녕!

나가기

참고 자료

1단계 개인 던전

'노잼' '에바' '킹받다' 등의 신조어, 그냥 써도 될까?
- 〈NBN미디어〉, "청소년 65.6% '습관적으로 줄임말과 신조어 쓴다'", 2021.10.20

꿈이 꼭 있어야 할까?
- 〈조선일보〉, "코로나 때문인가? '꿈 없다'는 초등생 늘어", 2021.02.25
- 〈파이낸셜뉴스〉, "창작 영역까지 침투한 AI… 3년 후 8300만 개 일자리 사라진다", 2024.10.29

2단계 학교 던전

모둠 활동, 나 혼자 하면 안 될까?
- 교육을바꾸는사람들, 「학습 과학의 이해와 적용(10) – 〈원리 9〉 아동의 평균적인 주의 지속 시간은 10~20분이기 때문에 주의를 계속 유지시키기 위해서는 20분마다 수업에 변화를 줄 필요가 있다」, 2021.06.02

초등학교 시험, 다시 생겨야 할까?
- 〈세계일보〉, "'이래서 애 키우겠냐'… 사교육비 27조 썼다", 2024.03.14

3단계 사회 던전

일회용 플라스틱 사용, 완전히 금지해야 할까?
- 〈서울신문〉, "사람 뇌 속, 알고 보니 '미세 플라스틱' 범벅… '한 숟가락' 나왔다", 2025.02.04
- 〈헤럴드경제〉, "한반도 7배, 태평양 '쓰레기 섬'… '한국어 쓰레기 보이시죠?'", 2024.11.18
- 그린피스, 「일회용 페트병이 사라져야 하는 5가지 이유와 해결 방안」, 2024.06.13

장애인 이동권에 대한 관심을 높이려면 어떻게 해야 할까?
- 〈경향신문〉, "40% 밑도는 저상 버스 보급률… '한 대 놓치면 30분 기다려야'", 2024.11.04
- 〈서울신문〉, "장애인에게는 너무 먼 '지하철 환승'… 사당역은 무려 20분", 2024.04.23
- 〈노컷뉴스〉, "'우리 모두를 위한 것'… 장애인 이동권 해외 사례는?", 2022.04.24

4단계 디지털 던전

학교에서 스마트폰 사용을 제한해야 할까?
- 〈연합뉴스〉, "국내 3~4세, 스마트폰 등 하루 3시간 사용… WHO 권고의 3배", 2024.02.06
- 〈KBS〉, "유럽 학교서 '스마트폰 사용 금지' 확산", 2024.09.02

챗GPT에게 숙제를 맡겨도 될까?
- 〈머니투데이〉, "'백인은 의사, 흑인은 병자'… 위험한 편견 답습하는 AI", 2024.07.09
- 〈스마트투데이〉, "덴마크 고교 숙제에 챗GPT 등 생성 AI '권장'", 2023.10.16